轻度
PSYCHOLOGY

理解
·
现实
·
困惑

人际关系自救指南

治愈情感内伤的8个行动

苏绚慧 / 著

中国纺织出版社有限公司

内 容 提 要

你要自己无害与善良，却让自己很受伤？我们常因人际关系而感到痛楚，为什么这种受伤的感觉挥之不去？我们可以做些什么来改善自己因人际关系而产生的不良情绪？资深心理咨询师帮助我们了解这种极端化的思维、受伤感觉的内在来源以及10种典型的由人际关系造成的伤与痛，带领我们投入应对伤痛的8个自救行动，正确照护自己内心的情绪伤痛，跳出负面循环。

图书在版编目（CIP）数据

人际关系自救指南：治愈情感内伤的8个行动 / 苏绚慧著 . -- 北京：中国纺织出版社有限公司，2023.8
 ISBN 978-7-5229-0073-5

著作权合同登记号：图字01-2022-6625

Ⅰ. ①人… Ⅱ. ①苏… Ⅲ. ①人际关系学－社会心理学 Ⅳ. ①C912.11

版权所有© 苏绚慧。本书版权经由究竟出版社有限公司授权中国纺织出版社有限公司出版简体中文版。委任安伯文化事业有限公司代理授权。非经书面同意，不得以任何形式任意重制、转载。

中国版本图书馆CIP数据核字（2022）第216060号

责任编辑：关雪菁　宋晨　　责任校对：高涵
责任印制：王艳丽

中国纺织出版社有限公司出版发行
地址：北京市朝阳区百子湾东里A407号楼　邮政编码：100124
销售电话：010—67004322　传真：010—87155801
http://www.c-textilep.com
中国纺织出版社天猫旗舰店
官方微博 http://weibo.com/2119887771
北京华联印刷有限公司印刷　各地新华书店经销
2023年8月第1版第1次印刷
开本：889×1194　1/32　印张：6.25
字数：99千字　定价：48.90元

凡购本书，如有缺页、倒页、脱页，由本社图书营销中心调换

前　言

你要自己无害与善良，却让自己很受伤？

只要是人类，必然会在成长过程中经历情感上的失落和情绪创伤，其中包含了一种对世界美好与天真想象的落空和挫败。

这种想象"世界应当美好"的潜藏信念，多属于不合理的、非理性逻辑的信念，像是"世界上的每个人都应该是好人，他们都会爱我、喜欢我""这个世界是温暖和充满关怀的，人们一定会相互帮助、相互理解"，或是"这世界不会有恶意和欺骗，至少遇到这种事的一定不是我"等。

这些偏颇的单方面想象——觉得世界应该如伊甸园般，既纯真又美好，既良善又充满温暖——是生命一开始如白纸时，对这世界一厢情愿的认定。但是，毕竟我们生活在现实世界里，即使每个人的人生际遇不同，这份幻想的破灭，也必然会因为现实所存在的严苛及残酷属性而发生。

因欲望和需求不同，这个世界充满了形形色色的人格样貌。而彼此之间的冲突和对立，从有人类以来便一直存在，从未歇息或终止；人的一生，也自然免不了遭受现实的打击、领受幻灭的洗礼。

在所谓"幻灭，是成长的开始"中道出的人生真相，正说明人若想真正体悟出个体生命的蜕变力量，必须从离开自我中心的位置、松开对这世界理想、完美的想象开始。让自己真实地认识这个世界，也真实地接触他人并认识自己，如此才能在活着的时时刻刻里，通过与这世界的冲撞及相处，淬炼出属于自己的内在领悟和智慧力量。

然而，有些人却在成长的过程中停滞不前。他们以一种仪式般的自我暗示及自我设限，让自己不断存在于某种情境中，重复上演着某种人生情节，不停地加深对人生的无能为力感，以及对自身生命的沮丧和厌恶感。同时，他们还会视自己为"没有资格参与这世界的人"，或是认定自己在这世上只能扮演某些卑微、不幸的人物角色。

这是值得探讨的主题：是什么样的心理防御机制及心理模式，让生活像无止境的轮回，总是重复着"可恶的他人"和"可怜的自己"呢？

为何一个人无法停止将自己设定在"善良却可怜的我"的位置呢？

为何在他的所言所行中，这世界完全化身为一个够凶狠、够心机、够不良及实在肮脏、恶心的存在呢？

为何他对应的别人，全都变成了没良心、恶劣、嫉妒、霸道、强势、欺压他的恶棍呢？

通过对心理学观点的凝视和探讨，我们可以知道，这一切正显示个体的内在生命存在着分裂，且他曾经历的失落和创伤情绪难以整合。为了确保感受到的自己是"好"和"善良"的，就必须切割和去除他不想经历的、不想承认的那些内在的"恶"与"坏"。于是，"恶"与"坏"必须投射于外在世界及他人，而不是自己身上。

至于那些自己对"好"与"善良"的定义，则是以有限认知（几近偏执的心理状态）歪曲、认定的。像是：

"对他人抱持慷慨及情义相挺，这就是善良"
"不拒绝别人，就是好人的表现"
"人家有需要，就该帮忙，不顾一切地对别人好"

"不要反驳、不要冲突,做个乖顺的人就是孝顺的表现"……

这些认定要求自己极力维护这些信条与道德需求,并在生活中毫无选择地执行这些待人处事的方法的观念,都是为了确保自己在别人心中,是获得认同的好人、善良的人。

然而,这些对"好人"与"善良"的定义,往往来自幼年时期,是从孩童的眼光和角度所见的世界及他人,我们却将其作为以自己的标准而做出的认定与判断。

这些认定及判断,可能来自幼童时期的某些情绪冲击事件,或是某些人际关系的情感创伤及失落所设下的结论;也可能是因为生活环境的灌输与塑造,因而形成了自己的生命信念和生存自保机制。为了证明自己能挽救并避免幼年时经历的伤害或痛苦,在后来的成长过程中,人们沿用了这些信念和防御机制,并将其植入人际关系中,不得不重复着某些人际关系的互动情节。

可是,往往那些"自以为"或"一厢情愿",才是让我们受困、反复受伤的原因所在。

这本书,就是要和你谈谈这件事。到目前为止,你是否曾反思过：自己在家中是怎样的处境，有怎样的成长历程，建立了怎样习以为常的生存模式，形成了怎样的性格、组成了怎样的内在系统（情绪模式及思考模式），以面对自己生存的世界？如果你常常感觉自己内心受伤、受挫又苦不堪言，那么，这一切究竟是如何发生的？

埋怨这个世界和他人或怨恨自己的生命际遇是很容易的，但这些方式并不能让你停止"觉得心里很受伤"，也无法让你从受伤的情境中强壮起来。

当然，埋怨的方式更不会让你因此寻得一位拯救你的英雄，成为你永不惧怕再度受伤的靠山。如果你真想消解自己的内伤情绪，你最需要的，是清楚地看见，是怎样的人际互动模式和情绪反应模式，让你轮回般不断跌落内心阴郁的深谷，并觉察出这些模式如何让你的伤口反复恶化，始终结不了痂、无法愈合。

我们都知道，人体的伤口（如皮肤发炎）若是反复溃烂，或总是有愈合不了的问题，可能是以下几个因素造成的：一是自身的免疫力和复原力太弱，以致细胞没有足够的修复力作为愈合的后盾；二是个人行为，例如，伤口护理过于粗心大意或根本不以为意；更糟糕的情况是，反复刺激伤口，甚至是撕裂它。

人的心理情绪伤口亦然，若自己的修复力及照料能力不够，又反复地打击自己、让自己受挫，便会雪上加霜，累积更庞大、更纠结的痛苦情绪。那么，心理伤害将愈演愈烈，一发不可收拾。

所以在这本书中，我希望带给读者两个重要的观念，也是对待自己的受伤情绪或面对挫败打击时，应该试着学习的两件事：

一是学习正确照护内心的情绪伤痛，调节及释放你的情绪痛苦；同时，避免进入情绪伤害的恶性循环中。

二是避免用旧有的习惯模式，让自己反复受伤，并无意识地使自己受伤的情绪扩大、失控，以致扰乱并击溃自我，让自己陷入无明黑暗中，迷失人生方向。

实时救护，是我们对生命维护最普遍的观念；对人的心理而言，实时救护也同样重要。所有的生命救援都着重于"黄金时刻"，对于内心那些受伤的情感，及早采取正确的救护方法，建构完善的健康概念，同样是爱惜生命、妥善照顾自己的重要生存之道。

目录 CONTENTS

第 1 章
为什么受伤的感觉挥之不去?

你从没学会情绪关照及调节 002
自我忽视和厌恶,让情绪不断攻击自己 004
觉察过去的自我麻痹与攻击模式 006
内伤的来源:人际关系的互动模式及日常相处问题 008
"原生家庭"是人际经验的初始来源 010
天真无知,是不愿长大的伪装 013
面对复杂,是成人的能力和自我发展 016

第 2 章
易受伤者的诞生:10 个故事,10 种由人际而来的情感内伤模式

"内伤"让人努力想避开危险,获得生存 023
心理"易受伤者",有着易受伤的情绪循环模式 025
童年的经验,是情感内伤模式的来源 028
孩童式求生自保本能 030

情感内伤模式 1	全然接收外界的负面评价，无意识地批评及否定自己	032
情感内伤模式 2	害怕被讨厌及拒绝的感觉，受恐惧和焦虑感胁迫	041
情感内伤模式 3	习惯性怪罪自己，内心充满泛滥成灾的罪恶感	048
情感内伤模式 4	受到他人的排斥和羞辱，对自己彻底感到厌恶及反感	056
情感内伤模式 5	漠视主体的存在，忽视自己真实的需求	064
情感内伤模式 6	深陷负面情绪的痛苦中，反刍自怜的记忆和情绪	073
情感内伤模式 7	天真地期待他人的满足及重视，无法适应失落的发生	080
情感内伤模式 8	固执主观地解读外界及他人，活在内心的暗黑小剧场中	086
情感内伤模式 9	受亲情捆绑，困在至亲关系的控制和支配中	092
情感内伤模式 10	否认及压抑内在真实感受，强迫自己伪装坚强与无恙	101

第 3 章
改变你的内在系统：打造自我守护能力的自救行动

自救行动 1　在人我关系之间，建立有效界线的概念　114
情绪其实没那么不理性　115
低社会化程度，不具备社会情境敏感度　116
没有必要满足他人不切实际的想象及期待　118
协助及提供，建立在一个人有多少"自助"意愿之上　120
人际宣言　122

自救行动 2　学习如何真正地照护自己的情绪伤口　125
情绪的激发，来自不安全感　126
情绪是保障我们生存的原始本能　127
认识自己无意识的自动化情绪模式　129
情绪发生时，切勿不睬不睬或放大渲染　131
正确的情绪照护及调节　132

自救行动 3　停止无益的自我挫败，避免加重情绪伤害　135
不适合的模式，往往来自胶着及固定　136
清楚辨识出"错误信念的运作"　138

自救行动 4　将混乱庞大的内在反应分解，把自己拉回现实　141
学习做个能让自己信任的人　143
试着学习处理"复杂"　145

处理复杂，关键在于尊重多元观点和包容个别差异　　147

自救行动 5　学习辨识与觉察主观及不理性的认知模式　　149

正确思考比正向思考还重要　　152

别陷入惯性压抑与忍耐，忘了自己的思考力及行动力　　156

保持观点的弹性，松动主观固执的角度　　158

自救行动 6　学习建立稳定自尊：自我认同及尊重　　160

太习惯忍耐和压抑的后果　　160

无力感的长期塑造　　162

忍耐与压抑下的自我忽视及卑微心态　　164

稳定高自尊的建立　　166

自救行动 7　允许自己强壮，不再幻想拯救者出现　　169

懂得终止恶性关系模式的循环　　170

成为自己可以信任的保护者　　171

允许自己强壮，不再弱化自己　　172

自救行动 8　为自己建立足够的内在安全感，摆脱弱化自己的习惯　　173

接纳，爱自己的基础　　176

爱自己不是口号，也不是物质满足　　177

建立安全感，从真心实意接纳自己开始　　178

接纳自己后，对自己心怀感激　　180

总结　生活会有坏感觉，但你仍可以活得自由　　182

阅读须知

本书所有人物皆为化名,故事情节都经过改编,并不指向任何人的隐私及经历。

第 1 章

为什么受伤的感觉挥之不去？

人生不可能不受伤，不仅身体有受伤的可能，心灵亦是。

如果身体受伤了，生理上的免疫系统及再生复原力会为我们提供修复的机制；不过要是心灵受伤了，虽说一样有复原力，可通过情绪自我调节和心理防御机制来应对，但如果对心灵健康不重视，也没有维护的概念，那么许多时候，不但无法疗愈情感上的创伤，还会变本加厉，让心灵伤口更加恶化，直到扭曲自我，造成无法修复的残害、毁灭。

相较于心灵，大部分的人对身体的照顾和对待了解较多，比较懂得要怎么护理伤口；知道别让伤口受感染，以免造成溃烂、红肿，让受伤组织发炎、恶化。当然，也有少部分的人刻意伤害身体，并忽视它所发出的警告，让身体承受莫名的危害和痛苦。只不过，就心灵所承受的伤害来说，社会上的人们普遍未能像对待身体一样，懂得心灵的照护和保健同样需要细心关注和及时救治。

你从没学会情绪关照及调节

每个人的人生，皆脱离不了生活上的打击和情感上的挫败。成长过程中的孤立无援、失落痛苦、自卑羞耻等所引发的心理不安、焦虑、无助、沮丧和自我怀疑，都是具有伤害性的情绪。许多人应对和面对这些情绪创伤的方式，是由长久以来的家庭经验，以及成长过程中累积的习惯模式发展而来的，而非真正的关照和修复。

大多数人早年的家庭教育，总是让孩子觉得，情绪挫败和情感失落都是应该被隐藏或是消匿的感受，否则自己就是一个糟糕、惹麻烦、任性、情绪化的孩子。家庭的父母或照顾者，为了省事省力及方便管教，对于孩子身上出现的情绪反应，多采取训斥、责罚和辱骂等方式，要求孩子抑制情绪感受，否则孩子的生存就会受到胁迫——不是被恐吓会被遗弃（"再哭，我就不要你了"），就是被威胁不会得到他人喜爱和接受（"我才不要这种麻烦的小孩""别人不会喜欢你"）。

当然，一直不乏有人倡导，以打骂的方式管教孩子才有效，这才会让孩子尽早体会到这世界和社会的残酷现实，才不会养出草莓族、玻璃心。

这不仅是很严重的误解，还是一种诡谲的认知逻辑。这种观点的意思是，大人不需要关心并协助孩子面对、认识自己的情绪，反而因为社会上大多数的环境都是无情、无关怀之心的，所以为了让孩子提早适应这个社会，应该要以打骂的方式，让孩子尽早炼就金刚不坏之身，让他们在打骂中越挫越勇，如此一来，长大后就可以承受残酷的现实了。

没有一份心智相关的科学研究会为这样的论点提供佐证。相反地，有更多研究显示，在打骂或权威教养中长大以及情感联结有缺失的孩子，成年后的自尊常处于不稳定状态中；对于自己的价值感和认同感，他们也常会感到不确定和低落；严重者甚至会在精神方面承受极大的痛苦。

在这种环境下成长的人，他们最严重的心理问题是对自己的厌恶和排斥、对人际的焦虑和不安以及对人生感到消极和痛苦。

尤其是在早年生命经验中，那些从来没被关心、照顾，也不曾受到疏导、调节的痛苦情绪，就这样累积在个体心里，不仅从未得到正确照顾和适当引导，他们也完全没有实质上感受到安慰的经验。

于是，个体无法学习照顾与调节自我情绪的方式，还十分误解、扭曲地认为，自己的情绪其实是极为糟糕及错误的，进而产生更多的、对自己的否定及排斥。

自我忽视和厌恶，让情绪不断攻击自己

对于自己体内产生的不舒服和痛苦的情绪，若只想以否认、压抑及切割的方式应对，不仅不会如愿，反而无法获得真正的平缓、安稳，还可能因为这般强烈的自我攻击与情感忽视，让情绪始终像龙卷风般侵蚀着内心、扰乱心理秩序，让自己处于痛苦情绪的侵扰中，不停受伤。

情绪，是我们的呼救机制，让我们知道内心和外界之间有状况发生了。当情绪越是不安、混乱，我们所感受到的外界，就越有可能正在让我们经历威胁和危及生存安全的伤害。

当然，情绪是真实的，但未必是事实。当情绪以"不安全感"的方式来敲门，它在试着提醒我们，可能但未必真的有不安全的事实发生；更有可能的是，那些自动引发的、自

童年以来反复累积的受伤情绪，被投射到生活的各个层面中，让我们小心谨慎、防范伤害，却不是根据客观事实来判断；使我们陷落在情绪洪水中，不可自救。

于是，太害怕被自己的情绪淹没的人，会极端地以切割和压抑的方式，避免接触它，对自己更加疏离和冷漠。由此可见，若是过度害怕感受情绪、过度担忧情绪的发生，个体将给自己招来致命的危险。这种自我忽视，也就是对自己不理不睬的态度将导致这种情况：即使有很糟糕的事发生或处于错误的关系中，自己却可能还是反复处于受伤、受虐的情形中，麻木以对。

也有些人会以自我攻击的方式，即无视自己的痛苦感受，用反复戳痛伤口的做法，加深心理伤痛的损害程度，以趋向自我毁灭。

为什么会错把自己当成攻击的目标呢？

就心理防御机制来说，这种攻击的欲望来自童年时期并未获得的安稳接纳感，同时，个体又感受到来自环境的排斥与拒绝。因为年龄尚幼，个体仍需仰赖环境的供应及喂养才得以生存；为了在照顾者身边待下来，个体只能认同照顾者的攻击及否定行为，把自己视为一个糟糕、不乖的孩子，并合理地认为一切都是自己的错——"是我不够好"，这样才能避免照顾者如此激烈的情绪攻击及责骂。

因此，个体在不知不觉中视自己为敌，认定自己为一切问题的罪魁祸首，将原因单一地归咎在自己身上，也就失去了培养客观了解现实的辨识能力的机会，落入了不澄清便自动引发强烈自责、自我贬抑的情绪旋涡中。

当我们无法停止使用错误的方式对待自己时，就会自动、无觉察、反复地以自伤的方式，让原本就难受且痛苦的情绪状况变得雪上加霜。受伤的情绪和受损的自我，在需要疗伤止痛的修复期中，不但未得到实时急救、治愈，个体还因为习性的制约而刻意忽视自己的需要，产生了难以处理的情绪阴影和永难平复的痛苦感。

觉察过去的自我麻痹与攻击模式

过往的家庭经验让我们认同了不少对自己的负面看法及否定。许多时候，那些负面否定与评价让我们对自己的挫折和自尊损害不予理会，并产生更多的自我责备和自我厌恶。

要让受伤的情绪缓和下来，最重要且首要的一步，就是愿意觉察——对自己，你是否有许多冷漠与无情、严苛的评断？然后试着联结痛苦的情绪，给予自己些许温暖的情感支持及安慰，与自己建立联结以守护自尊。并且，努力做到"无论发生什么，都不以否定自我生命价值的方式进行自我攻击及贬抑"。

你需要锻炼理智、以行动关心自己的情绪，并试着克制自动攻击自己的潜意识冲动。试着练习，让理智帮助自己梳理那些纷乱的情绪，同时了解它们因什么而启动，又需要什么样的照护和关心，这才是确切的自我照顾之道。

任由情绪扩大、蔓延或是放大它、使其趋向灾难式的自我毁灭，都不是自我照顾及情绪调节的正确方式。事实上，任由情绪扩大、蔓延并不叫容许或接纳情绪，反而是一种漠视，对它置之不理，放任它激烈地摧残自我。

这就像看见一个正在哭泣的小孩，越不理会他，他必然哭得越大声，因为此刻的他需要关注和协助。所以，放任他哭、不停地哭，随他哭到上气不接下气、哭到声嘶力竭，并不是关爱他的做法。对孩子来说，大人的置之不理，其实是一种冷漠和隔离，也是一种拒绝和遗弃。

这样的孩子，因为情绪上缺乏陪伴，也没有人协助他进行调节，日后若是再度经历内在的不安或不稳，很容易被自己的情绪吞噬或覆盖；他只能任凭情绪不断扩张、放大，却无能为力，一点办法都没有。就像他小时候，当他觉得不安或难受时，身边的大人一点办法也没有一样。

内伤的来源：人际关系的互动模式及日常相处问题

人的生活离不开人际关系，即使长大后并不恐惧一个人独自生活，我们的生活仍然需要其他人存在，才能建立互助、互相供应的生活网络；人类的生物本能让我们仍然渴望与群体产生联结，希望在群体中体会到情感上的交流与生活上的相互支持。

然而，人际关系的往来不是只有美好的体验，有更多的部分会让人体验到既复杂又不舒服的暗潮汹涌，令人着实烦闷难受。

人际关系是最能让我们体验内在安全感的一面镜子。当内心的守护力变得越薄弱，我们对外的警戒感就越强，甚至一刻不得松懈。

在一刻也不能放松警戒心的情况下，人际关系中的一点风吹草动都会让我们更加敏感、警铃大作，使我们坚信，这个世界充满不安全及威胁。

有时候，由于内在安全感的不足及薄弱，我们不自觉地想要依赖他人、获得保护，于是固执地幻想着——该如何从外在找到某个强大的人来保护自己，包容自己的依附及寄生状况呢？不这么做的话，自己便完全是个无助者，抵挡不了外界的挑战和任何来自周遭的挫折。

内在没有安全感的人，必须常常紧闭心门，但只要有任何一个看起来很强、可让他依赖的对象出现，就会让他失去人我关系界线的把握和判断力，义无反顾、冲动、无法控制地朝那人奔去，他们强烈渴求一份高度保护和依恋的关系。

这些人要么就紧闭心门、封锁自我，不和外界沟通和接触；要么就飞蛾扑火，不顾一切地奔向自认为的照顾者、保护者，任性地要求对方满足自己的需求和渴望。这两种方式都会埋下人际关系冲突和问题的不定时炸弹。只要引信一点燃，或是人际冲突陷入白热化阶段，双方就会被炸得粉身碎骨。

拿捏不好的人际界线及心理距离，还有无法沟通和协调的相处问题与冲突，正是形成内心一道道撕裂伤和与人相处的恐慌经验的原因。

可是，那些因为人际界线拿捏不定，以及心理距离若即若离产生的不安和焦虑，究竟从何而来？塑造这些模式的源头究竟是什么？又是什么原因，让我们要不就是封闭自我、害怕沟通，要不就是与人发生激烈的高冲突互动？为什么平稳、平衡的互动及相处这么难？

"原生家庭"是人际经验的初始来源

当我们探讨人际关系的模式时，每个人最初始的人际关系经验来源，莫过于自己的"原生家庭"，这也是我们内在心理的原伤所在。

当你处于建构真实自我、养成稳定人格的历程中，以及发展自尊和自我认同的关键时期时，和原生家庭的关系与互动经验将影响你对世界、他人及自己的观感，进而形成一组概念，以应对生命的运作，并渐渐形成生存反应模式。

至于概念的形成，是由千万次、点点滴滴的生活经验累积而成的。概念不一定都是受巨大而强烈的冲击事件所影响，也可能是一个再平常不过的日常事件反复发生带给个体的感受和想法。

这些每日累积的观念、感受，会渐渐形成个体的"经验法则"。"经验法则"没有对错好坏之分，一切都是为了"生存"而应有的反应和动作。这些由生命个体主观且毫无澄清的"个人事实"建构而成的生存反应模式，大多源自那些童年时期知觉与感受到的，关于在家庭中应该如何与人互动、相处、说话的规则，对应"这才是应该的、正确的"信息。

当个体的心理慢慢建立起该怎么应对他人、该怎么活在这个世界上、又该怎么呈现自己的参考架构后，这套架构便会在不知不觉中成为他内在的运作系统，也成了个体应对外界的模式。

普遍来说，在我们的生活中，无论好的经验还是坏的经验都一样会发生，所以我们需要将好、坏的经验统合起来，需要体会共存。例如，我们会感受到来自周遭大人的照顾抚慰，也会感受到来自他们的严厉管教；我们会体验被他们拥抱，也会体验被他们忽视。无论我们体验到什么，都是"完整"的一部分。

只是，作为一个人，在诞生的头几年里，我们还无法认识这个真实的世界，只能感受到自己的存在，因此，以自我为中心、渴望获得照顾与满足的全然依赖是婴孩存在的必然状态。

对一个生命的头几年来说，唯一重要的任务就是"活下去"：无论是生理还是心理方面，个体都渴望感受到满足及保护，好让自己能安稳生存、快乐成长。所以，那些好的经验会让我们感觉置身天堂，有美好和快乐、眷恋与期待；至于那些坏的经验，则会让我们仿佛置身地狱，因经历创伤而痛苦不安、错愕惊吓。接下来，生命的驱力会极力获取好的经验，努力去除并逃离那些坏的经验，以避免生存遭遇威胁和危险。经过主要照顾者（父母、长辈及重要他人）的对待及照顾后，个体便渐渐形成这种喜爱及痛苦交织的矛盾感受。

当生命还那么弱小的时候，我们当然无法"靠自己"给予自己所需要的照顾、呵护及保护，于是我们会锁定身边能给予安全、信任、稳定安抚及照顾的那个人，让他成为我们的"重要他人"，建立起人生最重要的初始关系，这就是"依恋关系"的产生。

因此，生命一开始会有一个非理性的信念，即认定："保护我的、供应我的、满足我的一定是外来的，我是无法给予我自己的。"在生活历练中，如果没有对周遭环境及遭遇的经历加以学习、练习并提升自己应对这个世界的能力，那么，我们的内在极有可能会一直处于这种"弱小无助的婴孩状态"中，始终觉得自我的照顾和保护必须仰赖于外界的供应和满足，而无法通过自己习得与获取。

正因为许多人的内在状态固着于这种"婴孩模式"，未能将其转化为"成人模式"来应对外界；同时他们未能照顾自我，以致时常处于弱小无助的不安中，无法实时保护自己；一旦有非预期情况发生或面临冲击时，个体往往只能像个孩子般无助茫然，除了忍受与承受那些打击外，根本无法进行有效的人际关系处理和事件应对，只能渴望有"某人"出现，好解救自己。

天真无知，是不愿长大的伪装

即使很想进行有效的人际沟通和反应，但一些人表现出来的行为和方式却像孩子一般，要不就是生闷气、难掩不舒服的情绪；要不就是觉得自己很无助渺小，对什么都无法给出反应，不知该怎么表达。

这些呆愣、惊恐的反应，让人的内在处于"宕机""断线""空白"的无助状态中，所有成长过程中学习的社会能力都可能瞬间瓦解或消散。

我从事心理工作多年，职场中会遇到形形色色的人，每个人的问题及生活困扰都是独特的，所形成的原因各有各的复杂性。但我观察到，时常表达在人际关系中很受伤的人，对自我概念和人际关系的描述很相似——他们时常把自己视作无辜和不幸者，至于自己和他人的关系方面，自己则常是被辜负和背叛的那一位。

他们的人生处境，无论转换到哪里，似乎都是容易被欺负、排挤及轻易遭受否定的那一位；而外在世界与他人，都是权威、无理、欺侮及霸凌他们的人。

在对这类故事情节的叙述里，我们可以清楚地看到一种对立关系：在关系两边描绘的人，是截然不同的两种身份，如"加害者—受害者""邪恶者—善良者""可恶者—可怜者""霸道强势者—无辜弱势者"，还有"负心者—有情者"。当然，内心处于受伤状态的人，对自己的描述多半为受害的、无辜的、善良的、可怜的、处境不利的、有情的一方。

从这些描述里，我们可以感受与体会到，描述者想要巩固的自我认知——"我是善良的""我是好人""我是被伤害的""我是无辜的",这些观念都在传达,他们与这世界的关系是二元对立的,自己是全好和全善的,世界是全坏与全恶的。

全有全无,即"要么全好,要么全坏"的观点,正是孩童时期会有的世界观及人我观。对孩童而言,自己是天真的存在,无论生命经验还是大脑的认知发展,都尚无法接受复杂层面和多元观点的共存,也没有足够的能力包容及整合它们。于是,就像儿童观看动画影片一样,他们总是想很快地辨识出谁是坏人、谁是好人,好决定打击谁及拯救谁。

随着生命的成长与社会适应的发展,我们会从学习过程中慢慢通晓,这个世界是有多元面貌共存的,有不同的文化、习俗、观点,每个人都有不同的角度和内在体会,很多人与人之间关系和互动上的冲突或不一致,已不能再如此简单地以"不是全好就是全坏""非黑即白""非善即恶"的分裂观点来评判和论定。

虽然是无意识决定的观点及认知,但如果一个人执着于保持自己的天真无邪,便会有意无意地要求自己以孩童般天真的态度和单纯的心思,去应对外在世界,而不愿意进一步认识这个世界，学习如何与它进行真实的互动，也无法更深入地探索自己内在真实却复杂的心性。

若是固着于这种天真孩童的状态中，一个人即使身体长大了，心理却仍然没有弹性、客观性及整合的能力，好应对生活情境的复杂性及多面向的事实，这种天真其实更接近于无知。若没有从经历过的生活体验中琢磨与领悟出自己参与这个世界的务实能力及韧性（弹性、包容及承受力），而只是一味以孩子的姿态和角度面对世界，那么这其实也是一种逃避自己必须长大成人、勇敢面对现实生活的行为。

面对复杂，是成人的能力和自我发展

复杂，是存在于这世界的一部分事实。许多时候，情况之所以变得复杂，是因为人性是复杂的，文化是复杂的，人的需求和渴望也是复杂的。人的成熟指标之一就是能处理复杂的事物，包括整合并接纳复杂的自己。

复杂的事往往是难以处理的，要瞻前顾后、思虑周全；要做出一个好的决定，就要从复杂的情境中抽丝剥茧，找出一个多方都能受惠或平衡的共识点。这样的历程着实不易，并非孩童心智所能做到的。

孩童的思考能力仅能支持简单的、截然的、二分法的理解及判断。就像在看动画或故事书时，孩子很快就想知道"谁是坏人？谁是好人？"这种问题的答案。这种现象也会发生在他们面对生活情境时。凡是关心、呵护他的，就会被其视为"好人""好妈妈""好爸爸"；凡是凶他或忽视他的，就会被其视为"坏人""坏妈妈""坏爸爸"。不过，在成长过程中，我们会经历青少年时期对抽象思考与换位思考的学习，再加上生活经验和人生智慧的累积，慢慢地，我们会发展出处理、应对与整合复杂事物的能力。

但害怕"复杂感"的人会逃避这样的学习。因为怕自己不在行或始终抗拒面对现实环境，于是他们以各种说法和理由告诉自己："这个世界就是那么势利""这社会是多么复杂、多么可怕"，强化"如果不想成为那样的人，就必须保持天真、善良和正义的状态，否则就会像那些坏人一样可恨"的想法。

然而，这样的天真、善良或正义都是没有经过考验的，甚至是蒙着头、假装没看见那些已经屡次发生的事实真相，以及由许多层面引发的冲突和矛盾，只是自顾自地以强迫式思维予以坚持和认定。

他们的生活很可能因此被固着在某些情境中，反复上演同样的挫折和沮丧，也重复着同样的伤害和痛苦。即使心里的埋怨很深，觉得这世界辜负了他、残害了他、不懂得珍惜他，却还是不明白——为什么这些老掉牙的烂情节会一再出现在自己的生活和人际关系中？为什么自己总是遇到这样的事情？

接下来，在第2章，我会以10个故事，说明10种来自人际情境的情感内伤模式，并解释内心易受伤者是如何诞生的。

而在这10种让内心受伤的模式中，有非常多的层面都来自原生家庭的影响和塑造，以及成长过程中大大小小的生活经验累积、相互作用而形成的人际互动模式。只要形成了某种模式，人类的反应就会成为人格运作的一部分，自然是难以改变的；若不对自己的模式加以觉察与认识，就更难松动及调整这些早已固化的模式。

第 2 章

易受伤者的诞生：10 个故事，10 种由人际而来的情感内伤模式

我们从第 1 章了解到，社会中许多人其实都有"易受伤"的心理特质，也就是内在的心理功能处于脆弱无力、甚至是失能的状态。为什么这么说呢？

若要探讨我们社会普遍存在的"易受伤"的心理特质，除了基因遗传的因素外，我们还可以从三方面着手：社会文化的集体影响、家庭教养的塑造、个人生存的人际应对模式。

首先，从社会文化的集体影响说起，我们社会的结构是权威阶层型，能否获得"尊敬"及"重视"，往往取决于你的社会地位和社会成就。越是无法成为上位者，越会在心理上遭受贬抑与轻视带来的否定感，于是会常觉得自尊受伤。

小到名次排行、家世背景，大到社会阶层、权力地位，社会生活的方方面面都明着告诉你——没有头衔、地位、条件和权势，你的存在毫无价值。

再加上权威者以上对下的姿态、歧视及贬抑的惯性，对其他人的任意使唤和控制，更加深了自认地位较低者的自尊挫折和自我压抑。

因此，我们社会中个体的"自尊"（自我尊重和肯定）往往很难稳定，他们总是要依从环境的反应来决定自己的价值。如果被环境接受及赞许，自尊感就可以稍微稳定一些；但若是环境反应冷淡或是不表示认同，他们的自尊就会瞬间跌落，感到自己不被重视，因而变得心灰意冷。

集体所形成的社会文化观念让许多人在社会职场上打拼时，常常必须努力追求受尊敬的地位、头衔，所以他们在撰写的名片头衔或求学经历上，总要写一大串，洋洋洒洒的，唯恐大家不知道他大有来头；但同时又觉得不平及气愤，每天都要忍受一堆来自他人的不尊重及轻视。在这种情况下，此人无法从内在拥有稳定的自尊，他总是不自觉地与环境中的他人比较，好掂掂看自己有几两重，以致自己不断地追求优越，却同时处于自卑的心态中，矛盾挣扎。

其次,谈谈家庭教养的塑造。所谓的"家庭",是一个个独立运作的单位。每个家庭本身都有属于自己的特色及气氛,但家庭毕竟是社会文化结构的产物,所以,家庭气氛的形成脱离不了社会文化的影响。只是每个家庭在与社会文化的交互作用下,会产生什么样的效应及变化,又会对家庭中的个体产生什么样的影响,其差异性就很大了。

例如,有的家庭特别在乎在社会上取得的地位和成就,用社会的主流价值评量家庭成员值不值得尊重,若没有获得令人认同的成就,家庭成员就被视为"无用的"。

有的家庭则沿用了社会文化的威权及阶层观念,在家里也非常在乎辈分和礼教。孩子即使在家中称呼爸妈,也必须恭敬地称呼"父亲""母亲";他们始终被视为这个家庭的低阶者或所属物,永远不会被赋予发言权及自主权。

有些家庭则极度恐惧被社会视为差劲者与低阶层者,总是耳提面命,要孩子表现优异,让长辈有面子。若是孩子做不到或不顺从,则会将许多羞辱、批评和指责的言语加诸在孩子身上,极力要求孩子务必达到家长的期待。

但也有些家庭对孩子的教养只限于维持他们的基本生理

需求，其余的情感关注及回应则少之又少，可以说是长期的漠视、忽略及不闻不问。这使孩子无法充分地体会到自我的存在，怀疑生命存在的价值，对于自己这个人也时常感到模糊和混乱。

总的来说，我们社会的家庭教养自古以来便充斥着许多威权及惩罚的论点，轻视个人的感受和尊严，任意支配及批评他人，甚至多少带有些"暴力"的念头和想法。人们往往觉得，从小让孩子体会到残酷无情的反馈，这是为了让孩子未来适应现实与竞争性的社会而提早进行的锻炼。为了让孩子不再有"软弱"的情感表现，许多家庭用加倍的羞辱和惩罚的方式让孩子不再哭泣、不再表达任何情绪，也不能接纳自己的脆弱、害怕之外。

在这种家庭教养及对待下，那些从小就被严苛与无情对待的孩子过早失去了安全的情感关系；他们无法建立内心的安全堡垒及自信，也不能获得内在安稳的安全感。虽然外表可以成功地表现出不认输、无感、冷漠的状态，好像不论发生什么，都不会感到受伤，但事实上，这些都被压抑成了"内伤"。

"内伤"让人努力想避开危险，获得生存

一个人有"内伤"，就像身体一直处于失温状态，并且缺少营养素。要是"内伤"多了，又怎么可能不扭曲，怎么可能健康、茁壮地成长呢？

人们内在必然会有许多因早年经历不安全感和情感创伤，而对这个世界与人际关系产生的恐惧、不安、敏感，以及许多疑虑。对于自己，人们更会因为内化了早年主要照顾者的对待方式和教养态度，而用同样的方法对付自己。所以，羞辱、批评、指责、打击，便是个体内在经常处于的状态，这也是内在情绪伤害不断出现的原因。

家庭教养的塑造，就像一个人生命建造的地基。地基建立时，若存在着许多不稳定的情况（如家庭忽视、暴力、虐待、精神消耗、剥夺），导致地基钢架不稳和不足，甚至空洞、易脆，那么生命的建造过程，就会隐藏很大的危机；建筑的高楼就可能变成危楼，时时刻刻处在危险中。当生命个体越是想努力地往上加盖生命成就，其内在的空虚基地（心理素质虚弱）就越可能承载不住重量和压力，进而断裂、崩毁。

家庭教养的塑造更会影响的是接下来要讨论的——个人

生存的人际应对模式。

既然家庭有家庭的要求（无论是潜规则还是明面上的规则），也有它所提供的生活环境，一同生活在这个家庭中的成员，就必须各自发展出一套所谓的"生存之道"，来应对家庭成员们彼此给出的生存挑战和难题，就像是面对生存游戏或饥饿游戏一样。

心理"易受伤者"之所以会出现，多少是为了应对所处的生存环境，个体想极力避开环境中随他人而来的危险及威胁；同时，他对自身处境无能为力，只能用愣住或忍受的方式来反应。

那么，什么样的生存环境（家庭及小区）会制造"易受伤者"呢？

无疑是那些充满虐待的、暴力的、精神威胁的、高压控制的，或是忽视的、漠不关心的，还有过度保护与剥夺能力的家庭及小区环境。这些环境缺乏情理教育、缺乏沟通及互动，在过于权威高压、忽视遗弃或过度保护的管教下，个体不被允许拥有探索自我的机会，也不被给予适当及弹性的自我发展，这些都是不利于身心健康的成长阻力。

因此，心理"易受伤者"为了在这样的家庭环境中活下来，便让自己处于高度依赖的状态中，认定了必须通过剥夺自己的能力和个性、抗拒自我的成长及发展的方式，才能被所处的家庭环境成员所接受，不至于遭到弃养或被排除。

比如，在一个多手足的竞争家庭中，排行老大的姐姐，往往通过表现得很乖巧懂事、能给父母帮忙、照顾弟妹的方式来获得"在这个家中生活"的资格；而这个家庭唯一的儿子，必须通过"不要有自我的主张和意见"、让自己变得无能和依赖的方式来获得母亲永不离开的关注，并讨她的欢心。

一旦求得生存及获取资源的生存模式被个体设定下来，成为自动化的运作系统，个体就会因为失去自我成长的空间，无法适切地随着年龄成长而有所转化、有所学习；固着化的模式就容易成为接下来应对不同生命阶段、生活问题、人生挑战时的障碍及妨碍，无法因时因地、因关系不同、因角色不同、因目标不同等而进行适当且弹性的发展。

因此，个体会成为一名心理"易受伤者"。

心理"易受伤者"，有着易受伤的情绪循环模式

心理"易受伤者"，也可以说是"情感脆弱者"，会出现

反复受伤的情况。就算他们在所处的生存环境中容易感到受伤，他们仍会继续待在这个循环中，很难真正终止这种被伤害或被恶待的关系，也很难离开长期让他们感到受伤的环境。

这不仅是因为他们发展出了一种生存方式——习得性无助（学习到的无助感），使自己处于受伤情境中，却毫无能力去行动及解决；同时，他们的易受伤感与受挫的沮丧情绪，会渐渐成为自动化的内在反应模式，遇到事情时会毫不迟疑地自动开启它，进而形成易受伤的情绪循环。

或许是他人的一个不认同的眼神，或许是他人的一次拒绝、一个不同的看法、一个不佳的口气，都会让他即刻启动"受伤"的恐慌感及挫折感，也会让他深陷在被拒绝及被排除的不安情绪阴霾中，难以清明。

当然，这种无助感与挫折感的心理受伤反应，并不一定会以情绪低落和沮丧的形式呈现，为了掩藏内在经历的脆弱感，不让人有机可乘、加以攻击，心理"易受伤者"也会启动防御机制，以愤怒的指责与怪罪的方式攻击环境，控诉自己所遭遇的伤害。只是，这样的愤怒攻击并没有实质效益，是无功能性的，并不能真正处理问题，也不能解决实际问题，受伤者反而徒然地沦陷在狂怒发泄和失控咆哮中，并再度面临下一波被压制及被责备的处境。

也有些"易受伤者"以"情感封装"的反应，来掩饰内在、保护自我。这种反应可能是冷漠或是无感，好让外在环境及他人看不出他内心受伤及易脆弱的反应。

若没有调整及改变心理"易受伤者"的生存模式，他们就很可能会在不同的环境中制造出相似的关系情境；也就是说，易受伤者所在的环境，可能会产生或出现"压迫者""虐待者"及"加害者"，如此，"易受伤者"的生存模式才能继续运作，他们才会继续强化自己的无助与恐惧，也强化了他人不真实的威力和影响力。

凡是失落及悲伤发生，或是遭受拒绝或挫折时，我们的心当然会有受伤的可能。但若你内在有足够的力量及有效的心理功能，那么在内心受伤时，你也会试着发挥能力照护自己，让受内伤的自己减少再度受伤与恶化的可能，并且协助自己安稳内在状态，试着健康起来、康复起来。

可是，属于心理"易受伤者"的个体很容易沉浸在自怜和怪罪的旋涡里。在不停反复指责他人负心与伤害的同时，真正重复和反刍的，其实是自己受伤的情节与无辜、无助的情绪感受。这么一来，他们很有可能以偏颇及固着的二分法区分这个世界，简易地将善与恶、对与错及好人与坏人放置在对立位置上。

如此极端又简易地划分人我关系，对于成人世界里的关系互动与沟通、交流与合作来说，是极为不利的。可以说是因为内在心理功能缺乏弹性调整及整合功能，导致了反复性人际受挫和情绪伤害。

童年的经验，是情感内伤模式的来源

在我们还很小的时候，并没有能力去选择什么话要接收，什么话不要接收。倘若生活的原生家庭，习惯以负面责备和批评、威胁及恐吓作为教养的方式，那么对身为小孩的我们来说，这些负面、否定性的语言，就会毫无过滤地被我们储存在大脑里，成为我们的"我是……"。这样的自我观感，也就会偏向负面、糟糕和自卑。

特别地，孩子是以感受和感觉来体会世界是什么样貌的。在孩子感受到的环境中，如果大人释放的表情和姿态是对孩子的厌烦和拒绝，那么孩子便会收下这些情绪，用来排斥并厌恶自己；同时，他也会感受到，这是个对他不友善、也不喜爱他的世界，他会对自己的存在感到惶惶不安。

可是，这是偏颇的。孩子的世界其实很小，只有原生家庭里的成员而已。尽管这些家庭成员并不等于全世界，但对一个小孩来说，家就是他的全世界，父母就是他唯一的至亲依靠。正因为这样，在早年的生活经验中，如果家庭环境让孩子感受到威胁、不安全、恐惧和强烈的情绪起伏，孩子单单应付自己内在的情绪压力就够不容易的了，更难有心力随着成长过程探索与学习发现自己、认识自己。

所以，从小生活在批评及指责的环境中，并因此情绪不稳定的孩子，也会存在自尊不稳定和自我认同混乱的问题。他不知道如何存在于环境中，才是安全的；他不知道如何表达自己，才是被接受的；他也不知道自己的想法和感受是不是可以安然存在，会不会一产生什么感觉，就要遭受强烈的批评和责备。

这样的孩子，会将大部分的气力放在在乎外界的反应和他人的情绪上，他们小心敏感地侦测环境中的危险信号（他人的负面否定信息）；同时也很怕表达，很担心表现自己，怕万一有闪失或出错，就会招致剧烈的灾难和强烈的批评。

如此之下，个体就更难去探索和发现自己，于是成了对自己很不了解的人；即使长大后，也不敢接触自己，更别说深入地了解自己的独特性、真正认识自己。他们不仅没有自己的观点和想法、说不清自己的情绪感受；自己和他人的表现若有不同，他们就会自动认为一定是自己的问题，或是自己有毛病、是怪胎。

孩童式求生自保本能

这种无法消除的负面感觉让个体无论怎么应对问题、怎么努力地生存，他们仍会在内心深处感觉到，混乱和痛苦的情绪缠绕着自己。

那些痛苦的感觉，正是来自内在难以安抚和安顿的复杂情绪。那些情绪的引发，有太多是由于早年的遭遇和经验；即使记忆已冲淡许多，情绪的引发却不太费力，几乎可以说，只要引爆点出现，就能爆炸开来。它会扰乱人的心智，让一个人的理智断线，被铺天盖地而来的情绪覆盖、湮灭。

在这样恐怖的时刻，幼年的我们通常会发展出自己的一套求生本能，来执行自我保护策略。但这些被激发出来的方法，并不是真正能照顾自己情绪的方法，只是在受到外在刺激与不安全情境的威胁下，立即反应出来的求生能力。特别是当威胁者和攻击者是父母亲时，我们要和如此强大的生存威胁者对抗，就只能用孩子的行为，去面对那些充满威胁及不安的当下，试着应对并存活下来。

举凡讨好、顺应、麻木、隔离、表面化、报复攻击（例如顶嘴和消极抵抗）、自贬、自责、自伤，都是为了终止父母亲或照顾者的威胁和攻击。长时间下来，我们变得离自己的真实感受越来越疏远，却对关系里的求生自保策略越来越擅长。

只是不论多么擅长求生自保策略，都不表示你能安顿内在纠结、痛苦的情绪，特别是自己不断重复做出的行为，正如爸爸或妈妈的所言所行一般，在对自己强加批评、排斥、训诫、控制及责备时，个体的内在几乎无所遁逃地受到自己的摧残和袭击。

也许长大后，个体能逃脱爸爸、妈妈的掌控，能拉开受父母亲影响的关系距离，但怎么也逃不出自己心中的牢笼、自我折磨的地狱，重复着对自己无情及残酷、虐待及忽视的行为。

以下我列举了 10 种常见的人际关系的痛（实际生活中，这种痛不仅 10 种），以及会反复造成内伤的模式，提供给你更多的意识和觉察，好让你洞悉自己的习惯应对模式和人际关系之痛间的关联。

情感内伤模式 1

全然接收外界的负面评价，无意识地批评及否定自己

玉玲生活在一个几乎不说什么正面肯定话语的家庭中，从有记忆以来，她就觉得自己做什么都不对。妈妈总是说她不会看脸色、反应迟钝；爸爸总是说她长得不好看，像是从垃圾堆里捡回来的。

玉玲有一个姐姐，不仅人聪明、相貌漂亮，还总是知道怎么说话讨大人开心。玉玲总是觉得不公平，好像所有的好都集中在姐姐身上了，而自己一点好都没有。

玉玲这份心理上觉得自己不如姐姐优秀的痛苦，不只在家如此，在学校也一样。老师们也总是将两人放在一起比较，

频频对玉玲说:"那个王玉琪是你姐姐吧?你们怎么能差那么多啊?你姐姐很优秀,你知道吧?你再不多努力一点,以后就完蛋了!"

每当听到老师们将姐姐的名字提出来,玉玲就只能把头越缩越低,好想把自己藏起来,以免辱没姐姐的名声。但是她心里又觉得好难过,为什么自己被说得这么差?难道自己真的一点好的地方也没有?

对玉玲而言,既不知道心里的不服气该向谁说,也不知道该怎么帮自己平反。她忍不住跟妈妈抗议,觉得没有一个人喜欢她、肯定她。没想到妈妈给她的回答是:"你以为你是谁,还要别人对你说好听话吗?你要是真的优秀,难道别人会看不出来?"

妈妈这句回答,简直成了永远无法被推翻的真理,让玉玲觉得自己真的很糟糕、很差劲,别人对自己的指指点点也都是真的,都是因为自己不够优秀,否则也不会被人说闲话。

而这种影响仿佛将玉玲大脑筛选信息的功能去除了,只要是与对她的评论和看法有关的,特别是偏向负面的,玉玲都会牢牢记住,毫不考虑,无法辨别那些批评对自己究竟是有益的，还是无益的。当然，玉玲也无法从中体会与了解到，那些别人对她的评论和看法，其目的和动机究竟是什么。

因此，从玉玲的求学过程，再到求职生涯，她所记得的，大多是别人对她说过的负面评语，像是"你怎么那么笨？""你会不会用脑子？""你能力真差""你大概没什么前途了"……

玉玲心里还是会出现那种不服气的感觉，但只能郁结在心中；她也觉得自己没有什么好反驳的，连她自己都觉得自己很笨、能力很差，对自己也充满怀疑。每当别人数落她一句，玉玲就会在心里用千万倍的力道不断羞辱及谩骂自己，因为自己这么丢脸、这么没用，才让人有机会看轻自己、批评自己。

可想而知，在生活及人际互动中，只要听到别人的一句负面评语，无论是有意还是无意的，玉玲都会放大这句话，这句话仿佛是巨大的岩块从天而降，把她打趴在地，动弹不得；也像是黑色的泥沼，拖住她，让她不断往下沉，让她喘不过气来。

久而久之，玉玲变得害怕跟人互动，也害怕与人接触。

她觉得自己只要站在人前,就会被看到很可笑、很糟糕的地方,就算一时没有被看穿,但只要开口说话,有了些许相处的机会,别人就会开始厌恶她,觉得她真的是一无是处。

渐渐地,玉玲不再需要旁人出言批评,她的内心就是一个充满批评的空间。在她对自己的批评中,不仅时常出现过去那些难听的话语,甚至还有对自己的厌恶和怨恨。她觉得自己怎么可以那么失败和没用,终日活在阴郁及自我挫败的沮丧情绪里。

从小到大,我们就像玉玲一样,避免不了被评价、被贴标签的过程。从很小开始,我们就受这些人际反馈的影响,不仅从中认识自己,也从这些看法和评论里,辨识出哪些是自己认同的"我",哪些不是。

如果环境中总是出现大肆批评和攻击你的言语,那么你可能会在不知不觉中,开始形成对自己的负面观感,也可能有非常多疑惑,像是:自己究竟是什么样子?自己真的像别人说的那样,是这么糟糕、这么差劲的人吗?为什么别人说得那么斩钉截铁,好像他比你更了解自己真实的模样?

在那些被数落、被批评的日子里,你可能常常搞不清楚,究竟要怎么做才不会被人批评，才不会遭人非议？所以，你总要自己小心谨慎，把自己弄得紧张兮兮。即使事情过去了，仍要反复检视，就怕哪个环节没注意到，又惹到哪个人，对你多加指正和批判。

在这种日子里，你肯定过得不轻松，人累心更累。你总是不懂，为什么自己会那么害怕别人的三言两语，那么在乎这些负面的批评，好像只要有负面声音出现，你整个人就像根本不该活在这世界上似的。

你从来没有思考过，那些大肆批评、数落你的人，其实根本不是在对你说话，而是在发泄他们自己的情绪，找一个代罪羔羊出气。表面上，他们用批评来指正你，还会说"都是为你好""给你改正的机会"，但事实上，话语的内容根本没有建设性，徒然践踏你的自尊，为的只是维护和巩固他的自我优越感或平衡他失控焦虑的内在。

可是年幼的你认定了必然是自己不够好、很糟糕，才惹得他人这样批评你、数落你、训斥你。

事实上，我们人际沟通和互动的能力往往是不足的，无法确切知道如何处理不同和差异，也无法了解如何与别人达成共识。当觉得别人不符合自己的期待时，我们并不是设法沟通或协调，也不是了解问题真正的关键所在，而是劈头就用一句指责或怪罪，把别人否定了、贬低了。至于先入为主的观念，更是在不同的关系里作祟——以自己的既定成见，断定他人的状态。

若再加上斥责及吼骂，被无同理心与关怀心对待的个体，就犹如屠夫刀下的生命，只能任其宰割。

为什么在我们周围，总是充斥着批评呢？为什么无论是家人、伴侣或亲子，还是职场同事之间都是如此呢？

不管在家庭或求学的过程还是职场中，我们其实没有什么好的经验，让自己知道，在关系里好好沟通是什么样子；也无法得知如何与他人进行"聚焦性的对话"，所以，在很多人际互动的情况中，我们大多以压抑和忍耐的方式应对，然后浑然不觉地囤积了许多不舒服及糟糕的感受，到了忍无可忍的地步——就像是垃圾箱里塞满了乱七八糟的杂物，再也塞不下了——就以抱怨或谩骂的方式消解自己的内在压力和情绪痛苦。

在这种情况下，有一种很糟的情况会发生，那就是——

遭人胡乱发泄压力的个体，在关系里往往是被视为"弱势"的一方，从某个方面来看，也就是让人感觉"安全"的对象，他们不会反击、不会抗议、不会引发后续的麻烦、不会很难收拾，而这样的对象最常见的就是孩子或是下属。

可想而知，如果被人拿来发泄情绪和任意批判的个体是个小孩的话，他肯定弄不清楚状况，无法辨识究竟真的是自己太糟，还是那个人的情绪管控能力太差？

当我们的生命从来没有机会停下来辨识及思考"为什么外界的那些人要那样说话？""为什么他们这样说我，而我就一定是他们口中说的那样呢？"，毫无疑问，你会毫不考虑地将外界对你的负面评价接收进来，并且无意识地拿那些别人的评价和批评来责备和否定自己。

当我们已成长到成人的阶段、处于心智年龄应该成熟的情况下，没有谁应该再被视为小孩，始终被叨念和责备。即使是一个孩子，这样的教养方式也不会让他学会思考、练习自己面对和解决问题，反而会导致孩子行为退缩，造成消极的后果。

若是只会以批评和谩骂的方式对待别人与对待自己，这样的人，换句话说，就只会这种说话方式，没有其他与人沟通的技巧了；他们既不会引导，也无法聆听和回应，只有主观的评价和批判。这样的人根本不是一个会沟通的人。

如果你也受幼年经验的影响，长期被灌输许多批评和否定、吸收了许多人对你的宣泄和谩骂，那么你要知道，你所形成的内在模式，会让自己反复陷于受伤的状态中。这不仅会在大脑中留下不可磨灭的创伤，还会让你往后不断地、没有选择性地一直记取那些不堪入耳的批评和辱骂，并且放大那些人的评价和看法。那是你曾经感到最受挫、受伤的情境，却不知道怎么终止它，也不知道怎么远离它。你以为只要批评和辱骂出现了，就要小心翼翼地聆听，好修正自己的错误、改善自己的行为或问题。

但其实不是的，一个真心要让你提升及进步的人，会用你真的能吸收、消化的方式，引导并协助你学习与成长，而不是毫不顾及你的感受及想法，任意批评和谩骂。如果你发现强迫自己接受的那些批判和辱骂，让你心情更低落，内在更灰心丧志，甚至萌生退缩及消极的想法，那么请觉察：你的内在模式是否正让无意识的批评和否定攻击你自己呢？

如果你正在无意识地、"有样学样"地攻击自己，请先为自己设下一道安全防护网，就像不要让雾霾侵害我们的呼吸道一样，你也有权利阻止毒言毒语入侵你的大脑。

越来越多的大脑科学研究显示，谩骂及言语攻击（包括羞辱、讥讽、嘲笑、批评）的高压情境会对人类大脑发展造成阻碍，这类情况不仅使人深受内在混乱情绪折磨，还会造成自我发展的缺失，严重时甚至会造成不可逆的脑损伤，使人终生处于"受伤的小孩"的状态下，无法具备社会面及心理面的完整发展能力。

若你开始觉察到过往经验中，那些批评和谩骂、羞辱和否定对你产生的影响与干扰，那么请你务必开始施行"防护计划"，让自己的内在空间不再习惯性地记录和播放那些负面的、伤害你的语言和词汇。请为自己的内在建立一个隔离的保护区（心理空间），不让侵害一下子进入，保护好你的生命核心。

情感内伤模式 2

害怕被讨厌及拒绝的感觉，受恐惧和焦虑感胁迫

青蓉生长在一个手足众多的家庭中，在她之前有三个姐姐、一个哥哥，在她之后，还有一个弟弟和一个妹妹。在多孩的家庭环境中长大，青蓉看见的父母总是忙碌的、辛苦的，不是为了孩子们的生活费及学费四处奔波，就是为了这个家的持续运转而忙得不可开交。

青蓉在这个家的排行居于中间，不像三位姐姐一样，总是腻在一起聊天，也不像哥哥一样地位得天独厚——家中的资源，父母几乎都先考虑提供给他。在弟弟和妹妹相继出生后，青蓉感觉自己在家中的存在感更是变得微乎其微。

在她的记忆中，大约是 8 岁的时候，有一回，因为节日的原因，全家难得到外面的餐厅用餐。用餐快完毕时，她跟身旁的二姐说想上厕所。二姐打发她自己去，她便告诉二姐："那要等我哦！"二姐点点头说："快去快去。"但没想到，虽然她已经用最快的速度上完厕所，但从厕所回来时，却看见原本坐着全家人的那一桌竟然是空的，她东张西望，发现整

个餐厅看不到任何一位家人。

她吓得哭起来,慌张的她不相信家人竟然就这样走了,没有等她回到位置。她哭得声泪俱下,餐厅的服务员赶忙前来,问她:"小妹妹,你的家人呢?"她更慌了,不知道怎么说出口——她的家人竟然忘了她?

后来大姐虽然跑回来找她,但大姐反而问她:"你跑哪里去了?不知道我们要回家了吗?"

这让青蓉更加委屈,觉得自己被误解。去厕所前,她明明跟二姐说过,但为什么大家要离开时,二姐什么都没说?为什么大家要离开时,没有发现她不在座位上?

和家人重聚后,青蓉质问二姐:"为什么你没有帮我跟大家说,我在厕所,等我一下?"

二姐用蛮不在乎的口气回答青蓉:"你上那么久,难道我还要一直注意你吗?这样吓吓你也好,看你以后还敢不敢那么拖拉。"青蓉听罢,一时间不知道要说些什么。是自己太会拖时间?是自己惹人厌?还是自己对大家来说根本就是个麻烦?她弄不懂这些感觉,只知道自己惊呆了,而且第一次很清楚地感觉到,自己在家里原来这么不重要。

之后的青蓉一直害怕那种自己被遗忘、被嫌弃的感觉，心中总有种说不出的苦涩，好像如果自己不被别人喜欢、不让别人满意，就会遭到排斥、拒绝。即使后来上了初中、高中或大学，甚至出社会工作，青蓉在团体及组织里都会小心谨慎地观察这个团体想要什么样的人、自己该有什么样的表现。就算是扮演或勉强，青蓉都会尽力完成。她心中常这样想：只要别再出现被拒绝和排挤的感觉就好。

像青蓉这样极度害怕被拒绝、被讨厌的人，在早年的家庭环境生活中，不仅没有感受过接纳和欢迎，相反地，还有许多遭到排斥和拒绝的经验。这种"排拒之伤"的形态非常多，比如，被家人说"你为什么要存在？""有你很麻烦""你是个累赘""如果你要这样，就不要待在这个家里""我不要你这个孩子"等。

害怕被拒绝、被讨厌，是因为个体在早年生命经验中，经历了非常频繁的恐吓及威胁，这反映出个体对人际关系的极度不安全感、恐惧感，仿佛生命可以任意遭到遗弃、伤害或剔除。

因此，这些尤其是在童年时遭受的恐吓和威胁经验，就成了内心一颗时时滴答作响的未爆炸弹，生怕一个不小心、一个不注意，就会被炸弹炸得粉身碎骨。

我们童年的情绪创伤，因为凝结成了难以处理的阴影与症结，于是我们的大脑会产生一种非常迅速的求生反应，也就是个体自动化的保护机制。因为想避免过去惨遭情绪痛苦的情境再度发生，我们会快速做出反应，避免再度被伤害——像是被排除、被拒绝、被讨厌或被羞辱等。

这种属于童年的伤痛经验成了我们日后求生时必须避免和严加防范的反应机制。然而，这一点却也在我们内心埋下了深层的情绪地雷，只要情境相似，炸弹就会被瞬间引爆。许多时候，由于我们害怕情绪炸弹被引爆，便只能锁定狭隘的手法，执意于自己必须怎么做、怎么反应，才能避免祸害灾难再度发生。

幼年需要仰赖他人而活的生命状态，让我们认为必须"确保别人的爱存在"，才能证明自己值得被爱，才能好好存活。这种信条，让我们习惯性地从他人的反应臆测自己是否有资格被爱、是否安全无虞，同时又很焦虑，担心失去他们的爱和关注。

记得我曾经在几年前受邀和畅销书《被讨厌的勇气》

作者岸见一郎及古贺史健两位老师同台座谈。岸见一郎老师的第一句话就是以非常具有同理心的态度告诉与会者,其实他也很怕"被讨厌"。他的这一句自我揭露,引来大家的会心一笑。但岸见一郎老师说出的,其实正是活在"必须追求他人满意及喜欢"的社会中,人们心中最深的恐惧及不安。

对于易受伤者而言,害怕被拒绝、被讨厌的感觉,几乎是内心难以停止的恐慌。他们总是小心翼翼地侦察:环境中有没有人讨厌我,正在表现出对我的拒绝?有没有人正在告诉我,我不属于他们?

被拒绝和被讨厌产生的关系断裂感与遭排除感,让内心受伤者感到了十足威胁,他们感觉自己仿佛不被允许存在或是自己的生命没有任何被喜爱、被接受的价值。

这种"被拒绝""被讨厌"所引发的痛苦感受,其实是对自身生命存在价值的怀疑以及深层的自我否定。若不是先对自己的存在感到怀疑及排斥,又岂会那么在乎和关注他人是否喜爱、接受自己?

我们也可以这么说,一个人越害怕被拒绝与被讨厌,越是投射出他内在对自己的抗拒和排斥;同时,又显示了他内心有多渴望融入关系，多期待被视为"一份子""自己人"。

有这种情况的人，早年生命中不乏遭受惊吓及恐惧的经验，要不就是被恐吓会面临排除或遗弃，要不就是被他人的厌恶深深伤害而惊惧不已。

曾遭遇这种人际拒绝的伤痛、害怕被厌恶的人，因为深受其苦其痛，所以他们会压抑自己，不去排除或厌恶别人，尽一切可能表现出对别人好、喜欢别人的样子。表面上，他们会说不忍心将自己受过的苦加诸在别人身上；但实际上，他们以此与别人产生联结，以一种讨好和偏执的友善态度，避免再度遭遇分离或关系切割。

因为他们刻意保持友好的态度，看似大方或无私地为别人付出，以至于更容易凸显出别人并没有如自己这般尽心尽力、无私友好。当他们努力付出及极力表现友好的对象有了属于自己的想法、计划或目的，却没有进行分享或共同规划时，害怕被排挤和讨厌的个体内心最恐惧的感受就会被引发出来：他们会觉得自己被拒绝、被排斥、被遗弃、被切割。

自我发展不佳、无法完整独立的人，在心理上都有无法和其他人分化开来的倾向，也就是无法让自己成为一个独立的个体，而是倾向于在这世上找到一个心理上的连体婴——自始至终都不分开、共享一个身体，且无论如何，他们都有同样的行动、同样的意念，这能让既无助又弱小的自己觉得，自己似乎变强大了。

但这其实不是自己变得强大，而是靠着和另一个人（或一群人）共融共存、让自己依附寄生的方式，使自己感觉自己不再渺小、不再失去存在感。

于是，在人际关系中害怕被讨厌和拒绝的人，更容易受担心自己被排除的情绪胁迫，无法发展成自我完整独立的个体，更加恐惧自己在人际关系中因为和别人不同所导致的断裂及撕裂感，这使他们不断处于焦虑和不安之中。

要终结这种反复地在人际关系里害怕被拒绝或被讨厌的内伤模式，就需要好好地发展自我的完整性与独立性。当你相信自己能够独立完成自己的目标或渴望，也能给予自己最稳固的情绪支持时，你才可能相信自己不是非得拜托别人或仰赖关系不可。

缺乏自信，是小时候遭受排斥及拒绝的后遗症；恐惧被人讨厌的情绪，则是一种不想再被排挤和切割的内在呼救。

但如果这样的情感内伤模式，只是让你不停地循环于恐惧与讨好之间，那么你便错误地接收情绪带给你的信息了。

情绪要你为自己找到安全感。请试想：即使有人离开你或是和你断绝关系，你也能让自己获得安全感、让自我得以成长的方式是什么？

所谓"被讨厌的勇气"，正是来自你对自己无条件的支持，即不单凭外界的眼光或动作，就毫无意识地立马和别人联手攻击及排斥自己。你对自己的接受和喜爱有多少，就会给自己多少力量锻炼独立性，并接受他人有"自己人生"的选择和需求。即使他不和你同行、不与你共依存，也不表示你不被允许好好存在。你需要积极地为自己争取完整的生长空间，而不是受制约，被恐惧及焦虑折磨，无意识地歧视自己、弱化自己。

情感内伤模式 3
习惯性怪罪自己，内心充满泛滥成灾的罪恶感

凤玉是家中的大姐，自有记忆以来，大约从四五岁开始，

她就被父母教导,必须做妹妹和弟弟的榜样。

父母并没有考虑到她仍然是个孩子,而是以一种"长女就理所当然地负起照顾和教导弟妹的责任"的观念来要求凤玉。不知道何时开始,只要凤玉的妹妹或弟弟犯错、不守规矩,凤玉就会被父亲或母亲强烈地责备和惩罚。凤玉不可以抗议或拒绝,更不可以有大哭或愤怒的表现,否则她就会被打到所有的情绪反应都停止,父母才罢休。

凤玉记得,父亲常一边惩罚她,一边对她说:"弟弟妹妹犯错就是你的错,他们还不懂事,是你不会教,当然是你该受罚。"

她也记得,母亲一边责备她,一边对她说:"只有打你、骂你给妹妹和弟弟看,他们才会知道后果,才会因为你挨打了而不敢不守规矩,知道害怕。"

虽然每次凤玉听到父母这样说,总是觉得非常疑惑,因为她不明白,为什么弟弟妹妹犯错,最后都成了她的错?虽然随着年纪增长,凤玉心里对父母这些行为的不以为然慢慢增加,心中也会因埋怨父母的做法而产生愤怒及委屈,但凤玉怎么也想不到,在这样的教养与对待下,她自己竟一点一滴地内化了父母的标准及要求，模糊了关系的责任归属，也弄不清每个人都需要为自己的行为和人生负责。长大后，处于人际关系中的凤玉，只要听到或看到别人的问题，便仿佛有种无法抗拒的反应，心中不断产生"都是我的问题，是我不好"的念头。于是，她会无意识地努力解决或处理那些"别人"的事，好让"别人"没事。

当别人不开心或有负面情绪时，她也会不由自主地认为，这一切都是她造成的，或是因为她得罪了别人，所以自己必须赶快想办法弥补错误、赶紧做什么去讨好他，好让对方开心、不再生气。

凤玉理智上知道，她无法事事都让别人满意和开心，但在情感上，她无法为自己和别人的关系划出界线，把别人的问题还给别人，把别人的情绪还给别人。她的脑海里常浮现父亲生气的面容和母亲责备的眼神与口气，仿佛他们的生活不顺利、心情不愉悦全都是她害的，都是她的错。

凤玉很想从这种感觉和心理的痛苦中解脱。她觉得自己的生命总是必须背负愧疚感，或是一旦有任何来自家人或重要关系的冲突及抱怨，凤玉的内心第一时间就会涌现出罪恶感，她以羞愧及内疚来严厉地怪罪自己，认定自己既可恶，又令人失望。

关于内心的罪恶感,她从来没有好好思考,这究竟是如何产生的?它合理吗?有功能吗?除了反复怪罪及归咎于自己,对于问题的本身以及各自责任的归属有任何帮助吗?有效果吗?还是这只是重现了父母对自己的惩罚,复制了父母的评论和加诸在自己身上的不合理要求?又是为什么,对于面对的种种不公平和不合理,自己竟是那么不关心、不在乎?

我们一路成长过来,极有可能完全不曾觉察我们究竟受了原生家庭及父母多少影响及制约。我们可能像凤玉一样,非常习惯以大人们的观点及情绪反应来看待自己;当他们说我们是可恶的、糟糕的、罪恶的、污秽的或是错误的时候,我们是否曾停下来好好思考:他们究竟为何要这么对待自己的儿女?为何他们的言行举止充斥着对我们的归咎和怪罪,而不是引导及陪伴呢?

其中有非常大的原因是,父母其实也在重演他们童年遭受对待的方式,同时也在我们身上复制了这些模式。我们无法反思及觉察自己究竟在做什么、成为什么样的父母,而是顺理成章地将过去经历过的、看过的父母教养方式和规矩——在毫不考虑适当性及合理性的情况下——沿用过去的版本。

他们找到一个犹如代罪羔羊的孩子，把过去背负罪恶感所遭遇的痛苦和煎熬重演、发泄在这个孩子身上，以获得平衡及补偿。

这就是"怪罪"最可怕的地方。在怪罪中长大的人，可能会在无意识中将另一个无辜者作为怪罪的对象，好让自己卸下这个"罪恶身份"。但若是无法找到可扮演代罪羔羊的人，就会像凤玉一样，在不同的人际关系中，莫名且反复地背负罪恶感，也莫名地被自己的罪恶感支配，以致无法活得轻松自由，总是以戴罪之身般的姿态活在世界上，总是小心翼翼地审视自己：是否又给谁带来了不悦和责备？

在社会中，许多人在人际关系里的反应之一，就是不自觉地泛起罪恶感，只要感觉到环境或他人有不高兴、不开心的反应，就认为这都是自己造成的；换言之，都是自己"害"的。于是，他们心中总是有不同的罪恶感连番上阵，这种感受会不断指控个体，引发亏欠和罪恶感，让个体处在羞愧及罪咎的痛苦中。

然而，这些罪恶感的产生因素中，有非常大的一部分来自童年时期家庭的塑造和制约,以及由此形成的自动化情绪及认知反应;也就是在年幼无知的时候,就被家庭以强烈的道德或伦理理由加以批判。家庭要求个体必须符合家人的期待及标准,否则就是"罪恶者"及"羞耻者"。

也许很多人都曾历经过父母的羞辱、批评、责备、吼骂和哀叹,但身为孩子的我们,深信父母之所以做出这些攻击和伤害行为,全都是自己害的,都是自己的错;换句话说,我们不认为父母的行为是出于他们的意识和选择,要不是自己有错和不乖,父母也不会做出这些情非得已的举动。

只要孩子失去理智,认定都是自己"害"父母做出那些无爱行为,并因此深感内疚及羞耻,就不可能去挑战或反驳这些行为,也就无法为自己捍卫生存安全的权益。

童年时期的制约及塑造所引起的自动化罪恶感反应,其实并没有具体的"犯罪"事实,而是由父母的教养方式和给予的道德伦理标准内化而成的,我们却将此当作评判自己的准则及要求。若没有符合父母长辈的规范及期望,我们就会觉得自己是"不好的""罪恶的""犯错的",并产生罪恶感,作为自我惩罚或责备。渐渐地,如果延伸到外在环境中,只要别人露出不满意的表情或不高兴的反应,我们就会不自觉地产生罪恶感，觉得自己应该背负罪咎。这其实是一种因内在的错误信念设定而产生的自我惩罚。

同时，无犯罪事实的罪恶感是一种无实质补偿功能的非理性罪恶感。

时常提取"罪恶感"的人，大多有早期的人际受挫经验——通常是在儿童时期，他们想依赖父母，同时又感受到了与双亲在相处上的冲突和痛苦心理，于是，他们必须合理化父母对自己的攻击或敌意行为。在父母的责备和怪罪中，为了依赖父母以获得存活，个体必须被他们的态度和言行同化，认同自己是"罪恶者"和"错误者"，若要在这个家庭存活下去，就必须以赎罪的方式获取父母的原谅及接受。

若童年时期积累了大量这种生活经验，渐渐地，个体便不再需要具体事件的引发，就能从心理（大脑）中不断提取出罪恶感，来应对日常生活的大小事。个体甚至以"罪恶感"作为判断自己是好是坏的依据，却未必对实际事件有任何的处理及应对。

例如，看到身边的人脸色不悦，就认定是自己的错或是由自己造成的，进而从心中涌现出罪恶感；他们会觉得自己如此恶劣，并感到内疚。但实际上，他们无法深究或询问，甚至进一步对自己展开对话与关怀；这种罪恶感的用处，只是评判自己的错误，却无实质了解情况或解决问题的功能。

这种罪恶感如果无法借由现实情况加以厘清，也无法辨识清楚它是否是所谓的道德和伦理上的指责或怪罪，而只是一种价值观、信念或理念上的冲突以及立场上的差异，无须遭受他人的道德论断或绑架，也无须以他人的信念及价值观来无止境地要求自己。相反地，要充分思考自己的想法，了解如何应对现实生活的差异和立场上的冲突。

若只是一味地以罪恶感来审判自己，焦虑自己是否是犯错的、不完美的、不道德的、失误的，那么，除了始终以高标准和高理想来要求自己完美无瑕的问题外，更重要的是，我们将难以通过客观的角度、理智和态度，解决各种人际冲突和生活中各项责任的归属问题。

对自己来说，那就像是将自己闭锁在没有终结的心理无期徒刑中，成为戴"罪"之身；不仅失去生命的自主和自由，还要无条件地对他人进行根本没有事实根据的补偿，又哪有时间为自己生命的喜乐和期望，真正地付出全力呢？

解放自己，放下用牢笼管控自己、剥夺自由的习惯。泛滥的罪恶感是你想证明自己及格与够好的焦虑模式，却不该被用作合理化自我剥夺和惩罚的理由。任何罪罚都该有凭有据，而不是单以谁的主观价值判断与好恶，断定谁该受罚。你需要理智及冷静的头脑，让自己的思路有所明辨，才能化解这种无意识泛滥成灾的罪恶感，才能真正将为自己做选择的权利还给自己。

情感内伤模式 4

受到他人的排斥和羞辱，对自己彻底感到厌恶及反感

安辉是家中的第三个儿子。听妈妈说过，生了两个儿子后，妈妈其实是想要女儿的，总觉得有个女儿来陪陪她，才不会那么孤单，没想到，还是生了儿子，自己还是无法从"住在男生宿舍"的状况中解脱，变得轻松点。

不晓得是不是因为从小就听妈妈这样说，安辉有意无意地觉得自己不喜欢太粗鲁的行为，他不仅不喜欢和哥哥们一样打来打去，也不喜欢户外活动。他从小看起来就十分文静，

肢体动作也不太灵活。

有时候哥哥们捉弄他，会故意叫他"小妹"，或是嘲讽他不像个男孩，一副女孩的样子。有时玩笑会开得很过头。

对安辉来说，哥哥们是恐怖的怪兽，书里说的"兄友弟恭"根本是骗人的。

没想到，进入青春期后，安辉的体格并没变得高大壮硕，第二性征的发育也没让他的外表有太大的变化，还是如童年时期般清秀。这下子，连妈妈都无法接受地说："你长得太弱小了，怎么没像哥哥一样？至少要开始有点男人味嘛。"

青少年的世界是可怕、残酷的。对一个男孩来说，安辉不只受家庭的歧视和羞辱，在班上也会遭到一些粗鲁、无法控制暴戾习气的男同学攻击。处在地狱般的环境中，安辉无法阻止那些他厌恶的事情发生。渐渐地，那种无奈和无力感，开始在他心中滋生难以抑制的自我排斥和厌恶感。

那种自我排斥和厌恶感，就像从体内散播开来的病毒一样，让他里里外外都无法克制地讨厌自己。就像因自体排斥导致的过敏反应一样，他强烈地攻击自己，好像自己是必须被毁灭的对象，除非毁灭，才能变得宁静和平。

他知道自己没有勇气结束自己的生命，索性从青少年时期开始，就以一种慢性的自我伤害的方式，不停残害自己。对于自己的未来，他感受不到希望，总想回避人群、把自己藏匿在某处。

安辉打心底有这样一个念头：自己的存在是多余的。如果自己消失了，这个世界反而会因为少了他而减少很多不舒服和困扰吧！

因着这些挥之不去的自我厌恶感，还有怎么也难以松绑的"自己是多余的"这一信条，安辉终究敌不过找上门来的抑郁，且必须长年和它交手。抑郁成了他最熟悉的情绪黑洞，吸取他的生命能量，也成了他心里隐秘的、孤单的、痛苦的、不见天日的自我拘禁。

若问他为什么要将自己关锁在心里，他会说："没有人会爱我，他们只会讨厌我，这样的我根本不想见任何人。任何人看到我，都只会想嘲笑我、攻击我，想着如何排挤我，我还是不要出现比较好吧！"

"自我厌恶"的伤，其源头可追溯至幼童时期。这种伤的形成及累积，是因为个体的存在及形象不受外界肯定，并遭受着有意无意的歧视或否定。严重的话，还可能是对个体容貌、智力及身体的羞辱、否定。

也就是说，在人生的头几年，个体必须通过周遭人们的反应和对待，从对自己完全无知到形成"自我观感"，在这一过程中慢慢体会及感受，自己是怎样的存在。然而对安辉来说，他所经历的，是周围对他的贬抑、不屑、轻视和羞辱。

当这些贬抑、不屑、轻视和羞辱变成家常便饭、每天的日常时，那么他所型塑的自我观感将会以他人的贬抑、不屑、轻视和羞辱为基底，并自然而然地接收了别人常对他说的"你很讨人厌""你就是欠揍""你长得真丑""你好脏"等话语，认为自己一如别人所言。

这些自我观感会渐渐影响我们的人格、态度、情感及思想，也会影响自我概念的形成。当然，形成的这些关于自己的知觉，都是扭曲、偏颇失真的。

所谓的自我概念，是个体的认知架构，它由态度、情感、信仰和价值观等组成，贯穿整个经验和行动，并把表现出来的各种特定习惯、能力、思想、观点等组织起来，形成自我运作系统，并由此产生自我评价、自我感觉和自我导向。

如果一个人对自己不论何时都会产生没有自信、厌恶、排斥的感觉，那么这个人会如何对待自己的生命呢？就像是排斥过敏源一样，个体会把自己视为应该驱除或消灭的排斥物，对自己时常充满厌恶和拒绝感，也就无从安适地生活并获得自我成长。

"自我厌恶感"是一种现代文明的产物。随着人类的演化，"厌恶"的原始情绪所具备的功能原本是回避、远离及排除可能危害生命生存的"有害物"，像是肮脏污秽的排泄物、带有传染病源的害虫、恶心的味道、腐烂的食物臭味、感染疾病的人等。在厌恶情绪的作用下，我们会皱起眉头、捂住嘴巴、屏住呼吸，并赶紧回避、走开，远离危害生命的任何可能，确保我们的健康及安全。但近代文明的发展让人类的生存不仅和生活环境的卫生、干净、清洁息息相关，也和群体的人际互动密不可分。

现代的生活、环境的狭窄、高密度及高压力的人际互动让我们起了许多"厌恶之心"，我们排斥接触"人"，也恐惧面对"人"。但为了生存，又必须获得更多关注与资源，我们因此被迫与人竞争、比拼、较量。我们难以消化这些因与人接触和互动而产生的压力，又不得不承受，在没有什么途径可以健康释放压力的情况下，每天的累积，渐渐地积累成内心无法修复的疲惫感。这些长期耗竭带来的疲惫感，会让能量与活力难以平衡、平稳，也会渐渐引发易怒、不耐烦、相互攻击及冒犯的行为。

在高人际冲突和充满压力的不愉快情境中，人的"生存安全"需求会呈现出不稳定的状态。然而这种生存的不安全感，并非来自过去人类生活所必须回避及去除的有害物质，而是我们如今日日都要面对、相处的"人"。

这也就是为什么现代人很容易产生对某人的厌恶感、排斥感，进而做出驱离行为或冷漠的无视反应，也越来越容易以言语（特别是网络言论）的方式进行排斥；越是觉得厌恶，想让对方消失的言论就越激烈。

但一些心理研究报告发现，有些人既恐惧对别人发怒，也不以道德伦理评价他人及外在世界。原因是他害怕被评价的感觉，却时常以高道德、高理想或完美的标准评价自己，因此，他认为，若自己评价并厌恶别人，必然会受到更无情、更严苛的评价反扑，从而变得无地自容，并感到更加羞愧及难堪。于是，他的内心禁止自己厌恶及排斥别人，以避免受到更大的打击和严厉的惩罚。

可是，这种避免及禁止自己厌恶别人或外在世界的反应，使自己无法借由"厌恶"这种情绪，把一些伤害他的人或事进行适时、适度地排除及驱离，让自己免于接触它们。因此，在难以为自己的生存安全感划出适度界线的情况下，个体不但会接收超过自己所能负荷的外界伤害及攻击，还会在这种情况下，要求自己宽容、接受或忍耐。

久而久之，那些无法适度拒绝、排除的负性遭遇（像是攻击、诬赖、羞辱及歧视行为）一旦发生在自己身上，个体便会将原本应该感到厌恶的情绪动力转向对付并攻击自己；个体会视自己为一个失败者、低贱者、污秽者、差劲者，强烈地想排除自己、消除自己。

这样的自我厌恶感一旦被引发，轻者自伤，重者可能会要了自己的命。

像这样避免攻击与排斥别人的个体，内心其实十分孤单、空虚，因此他们无法主动排除别人，心中也还是留存着某种想被接纳、被爱、被认同与被肯定的渴望。他们严以律己，以不近人情的标准进行自我要求、自我苛责；他们内化了许多曾经遭遇的歧视和羞辱言语，不停地排斥自己和拒绝自己，并形成了强烈的自我厌恶感。

如果我们无法赋予自己新的眼光，重新看见并认识自己，给予自己拒绝和厌恶的权利，"排除"并"远离"那些无情与歧视的言语和观点，我们就难以修复和联结与自己的新关系。同时，也可以给自己一个机会，了解一下，即使那些人表现出如此厌恶你的态度和言语，即使那些人用尽全力想要排除你、拒绝你，但你不需要以他们有限与偏差的眼光看待自己，也不需要无条件相信他们，不需要以为他们口中说的你真的一无是处又糟糕失败。

允许你信任自己，允许你支持自己，允许你接纳你就是你。你有权利为自己收下友善及尊重的对待，也有权利拒绝及排除那些骚扰、恶言恶语、毫无尊重及平等的羞辱与歧视任意进入你心中，持续迫害你。

所以，要练习勇敢说"不"，拒绝并反驳那些伤害、羞辱与攻击的语言再度残害你的生命，无论这些语言是指向身体、心理的，还是心灵的。

你要相信，没有任何一个人，有权利因为自己的偏见及价值观而被允许任意糟蹋和伤害其他人、其他生命。这种野蛮和残暴的行为，不该获得容许，也没有任何理由被接受。

当你深知自己必须疗愈内在自我厌恶的这种情感创伤时，请试着为自己找到适合的支持，除了周围可以理解自己、接纳自己的亲友们，还包括可以适当提供稳定支持及咨询的心理专业助人者，这都是给予自己足够力量的方法。不过，你需要认识到一件事：如果你是一个自我厌恶的情感创伤者，你可能会不自觉地认为其他人也都厌恶你，或是认为连专业助人者也在批判你、轻视你、否定你，这是你要自己觉察及辨识的。减少投射的想象以及无意识移情的蔓延，才有可能开始在你身旁累积正向情感的支持者。

情感内伤模式 5

漠视主体的存在，忽视自己真实的需求

李雯是个外表上看起来温和、文静的女孩，甚至给人一种脆弱的感觉，仿佛轻轻碰她一下，就可以把她推倒、捏碎。李雯说话几乎没有任何气势，甚至可以说，只能听见她的气音。只要接触过她的人，都会觉得她很温和、柔顺、善解人意。

别人无论说什么、提出什么意见，李雯最常回应的话就是："好。"若要再多一点，可能就是："嗯嗯，好啊！"

因着这个缘故，在和李雯互动时，别人没有办法听到她更多的意见或想法，只能自顾自地安排或决定一些事情。但即便如此，李雯看起来也没有不悦或提出什么意见。

久而久之，在人际关系中，李雯似乎成了一个不需要被尊重，也不需要征询其意见的人，只要别人有什么需要，都可以任意命令或指挥她去做；许多时候，其他人甚至有种理所当然的态度，觉得"反正李雯就应该去做"。

李雯其实不是不介意。很多时候，即使听了以后感觉不舒服，她也会刻意压抑自己的反应、隐藏自己的情绪。她常劝自己"吃亏就是占便宜""不要让别人失望，我应该去做"或是"被人家需要也是一种肯定"。李雯从未思考过，这些"自己应当如何待人接物"的念头是从哪里来的，她总觉得"做人就该这样"，甚至会想："大家不都是这样的吗？"

事实上，李雯这些为人处世的反应，早已成了一种模式，也是她适应这个世界的方法。她以为自己必须要这样，才能在这个世界上生存；必须要做个好脾气、好说话、温和的女孩，给人的印象才会好，才不会被别人讨厌和伤害。

但她慢慢被自己所设定的为人处世之道所绑架了，无法自如地应对现实环境的各种变化和挑战；不论面对的是什么样的人，她都没有办法调整或改变自己的应对方式和互动模式。当然，她本来以为这么做有利于融入群体，可以将其作为在社会上生存的手段；没想到这却成了她自己最大的框架和束缚，也成了她日渐焦虑、烦忧的来源。

回顾李雯的童年，5岁那年，李雯成了双胞胎弟弟们的姐姐，忽然之间，熟悉的家里一下子来了两个和自己抢夺母亲关注的竞争者，这是李雯内心很大的情绪失落和痛苦的来源。

李雯感到恐惧不安，害怕自己被排除在外，她觉得妈妈看起来好像不再喜欢她了，也觉得妈妈几乎把所有时间和精力都放在照顾两个弟弟身上；而妈妈确实也开始指挥和命令李雯帮忙照顾弟弟或是要求她多让弟弟一点——弟弟要玩什么玩具，多给弟弟玩；弟弟喜欢吃什么，不要跟弟弟抢。李雯很怕妈妈因此不再爱她，但她后来发现，如果自己听话，当妈妈的小帮手照顾好弟弟，妈妈就乐意让她靠近，她就能和弟弟一样拥有妈妈。可是如果她和弟弟起冲突或对弟弟感到不高兴，妈妈就会支开她，要她去旁边，甚至说她不是一个好姐姐，爱跟弟弟们计较、羞羞脸、坏脾气。

对孩童时期的李雯来说,她需要妈妈的爱和关心,渴望妈妈依然能陪伴自己,分享生活的大小事。然而,当弟弟们出现后,妈妈就不太有耐心和精力陪伴她了。她不想失去妈妈,她想让妈妈知道,自己是个好小孩,是个好女儿、好姐姐,只要妈妈别忽视她,要她做什么都可以。就这样,不知不觉中,她成了一个看起来没有脾气、没有情绪、不会惹麻烦,且无论被要求什么,都会去顺应、满足别人的人。

渐渐地,在成长的过程中,李雯将自己的感受剔除,她觉得若自己有情绪、有脾气,就是一个"不好的人";若没有满足别人、照顾别人,就是一个"自私的人";如果自己爱和别人计较,就是一个"小气没度量的人"。

为了不成为环境所排斥的那种人,李雯不断排斥自己会有的那些坏感受和坏行为,要求自己去除自己内在的"恶"与"坏",以避免遭到别人的排挤和拒绝。她要求自己务必成为最良善、心地最无瑕的人,不能有半点丑陋的面貌,也不能有任何一点让人不悦的地方,这是她无论如何一定要有的表现,唯有这样,她才会稍微觉得自己可以存在于这个世界上。

在这样的一个故事里,有多少人的生命缩影?为了避免自己不被接受，为了在家中不至于被忽视，为了不失去父母亲的关爱，我们从非常小的时候就开始"去除自我"，让自己适应生活中的变化、型塑可以生存的模式，并发展出应对这个世界的性格。

也许我们要问的是，李雯为何会有这样的性格？为什么会发展出那些和别人互动的方式？为什么她想成为别人口中和眼中的"好好小姐"？为什么她想让别人觉得她是温和、文静、好相处的人？

我们发展出来的生存方式，有极大的影响来自幼年时的家庭生存经验，包括我们和主要照顾者之间的互动方式与关系形态。在我们还非常小、尚未发展出自己的价值观和判断能力的时候，所有的观念和表现自己的方式，大多源自主要照顾者的言传和身教。即使他们未通过口语耳提面命，我们仍能从生存的处境中，通过看到的、听到的、感受到的，形成自己应当如何生存才能活下去的方法。毕竟，"家"是我们必须赖以为生的重要地方。

而这些方法在每天的累积与循环之下，形成了我们的"人格"，也成了我们为人处世的"习惯"和"模式"。

无论我们喜不喜欢自己的那些面貌性格，无论那些面貌是否早已扭曲，它们的诞生都是为了适应我们早年生存的处境。只是我们忽略了，在后来进入更广大的现实世界时，在面对复杂的人际关系时，那些过去让我们得以生存的性格和模式，不一定能如过去一样，让我们得到生存的保障、避免经历情感上的创伤，反而有可能诱发更大的生命代价及情绪伤害。

为了不失去和所爱至亲的联结，幼年时，我们极力压抑自己、漠视自己的感觉，去除自己的想法和感受，以对方的想法和感受为依据，甚至在许多方面模仿他人会有的表现及行为——信仰他们的价值观，让自己变成附和者、应声虫；扭曲自我，好让自己成为他们眼中的乖孩子，不敢有自己的想法和观点，也放弃自己的感觉及情绪。一切只求无论如何，自己都是那个重要他人眼中、口中值得存在的好孩子。

长大后，这样的性情和对应关系的模式会渐渐地发展为"不被在乎""不被尊重"或"被人予取予求"的状况。那个想证明自己是乖孩子、好女儿的意念，后来也不可克制地变为了想成为别人眼中与口中的好人、好同事、好朋友，在不断求"好"心切、想要面面俱到的过程中，我们却逐渐失去了自我，慢慢消融掉自己的主体存在。

漠视自我主体存在的人，必然会忽视自己真实的需求。他们因为不知道自己的想法，所以常说"都可以"；因为不理解自己的感受，所以常说"还好"。如此下来，他们不仅自我感受很模糊，也不知道自己想要什么、想选择什么、喜欢什么，别人也会感觉到，他是一个没有清楚的主见与主张的人。

所以，若不想让自己反复在人际关系里遭受忽视与不被尊重，首要的是松动及调整自己一贯以来习惯性漠视和忽略自己的模式。习惯性压抑自己的感觉、习惯性不倾听自己的声音，以为只要没有"自我"，就不会和关系里的他人有冲突或不合，是你长期以来不断遭受心理内伤的原因。

你必须了解，越不呈现自己的个性、越没有自己的原则和观点，他人就越会觉得你好相处，越不会与你发生冲突、不会让你受伤，这样的想法是偏颇及扭曲的。在成人世界里，人和人的关系就像两家公司，可能携手合作共存，也可能必须竞争较量；有时要妥协退让，有时又必须谈判协商。在这样的历程中，对自己公司的目标、需求、企图、计划越清楚的人，越知道如何拿捏及权衡，知道什么可以让，什么又必须要守、要坚持。

如果一家公司对自己的定位及运营方向既没有目标及规划，也没有想法及期许，那么，与其他公司接触及互动时，它不是受到侵占或支配，就是根本无法和对方在同一个平台上对话和谈判，只能处于没有话语权的位置上。

也许你会感到很失望：为什么在现实世界的运作里，必须要看相互的利益和条件？为什么双方好像要有相等的条件及资源，才有权利被看见和重视？难道不能单纯地以情义来对待彼此的关系？为什么就算表示了友善，也不能保证不被伤害？

当你有这样的想法时，这表示你心中的"小孩"心智在说话，它无法面对及参与成人世界里的复杂和现实，不能接受"情义"和"友善"不是成人社会运作的唯一目的。人和人相互合作或一同工作并非为了建立情感，也不是为了培养亲密感，而是以工作任务及目标为导向的短期合作，这种关系更可能是资源交换，以获得利益和利润。

有许多人将过往对待家人的那种义无反顾、没有底线或任劳任怨的家庭互动方式用于社会生活中，无论是职场或社群，他们皆以自己的情感取向应对人际关系问题，却无法面对所属的真实世界，也无法以现实感来辨识，自己在社会上生存及适应时该如何建立原则和立场，又该如何为自己的存在争取权益和合理的对待。

如果你持续认为没有自我主体性、没有清楚的自我主张和原则，只要顺应着环境中的他人、跟随和照着他们的意思做，自己就不会被讨厌及排除的话，那么到头来，你可能会一次次感觉到别人的侵入及占据。在你浑然不觉时，你已成了别人手中的傀儡，任他们左右与操纵，即使累积和压抑了许多不平和委屈，你也会要求自己忍耐。

如果连你都不在乎、不肯定自己的存在价值，谁又有义务和责任，比你更懂得在乎、肯定你的价值呢？如果一直抱有这样的期待，那么这会是个永远不可能实现的幻想，还会让你多添一道伤口。

找回自己的主体性，允许自己完整地存在。你有自己的感受，有自己的思想，也有自己想要做的行动。当你存在时，你会有自己的需求。你需要被尊重，需要有自我选择的空间；你无须因为他人的意见或观点，而必须放弃自己的，变得与别人相同。

一旦你愿意懂自己、明白自己的心意和立场，在决定和计划任何事务时，别人都不能漠视你、忽视你，也不能任意地支配你、滥用你。请从接受你自己的存在开始，不再让自己隐身及失声，这是你在人际关系中找到自己存在位置的开始。

情感内伤模式 6

深陷负面情绪的痛苦中，反刍自怜的记忆和情绪

可敏一个人走在夜晚的大街上，尽管身旁车声、喇叭声嘈杂，但她的心似乎凝结在一个小空间里，隔离了外面的车声、人声，听不到一点环境声音。在凝结的小空间里，她仿佛回到了下班前的办公室——组长一长串的指责和批评在她的脑海里不断回放。"你出错几次了？只是计算一下数量，有这么难吗？为什么回报的数字总是弄错？你连小学生的水平都没有吗？"

回想到这里，她的胸口不由得揪了一下，忍不住质疑自己："是不是我真的太笨，为什么数字总出错？"接着，她又想起了周围的同事，脸上带着冷漠表情，窝在一角窃窃私语。

她心里立刻感觉到一阵羞耻，认定同事们都在旁边看笑话，没有人在这一刻懂得她有多难过、多委屈，也没有人肯出声为她说话。

接着，她感到有些不平，觉得自己平时那么帮同事的忙，当他们被组长压榨时，自己都会为他们挺身而出，适时地让组长知道，不能再这样欺压同事了。知道同事有困难时，她总是乐于帮忙，就算耽误自己的事，也会把同事的困难摆在重要的位置上。

可敏越是回想过去对同事的付出，越是感到难过。自己长久以来这么努力地与人为善，却没想到一个数字上的小小错误，竟然没有人提醒她、告诉她，让她就这样呈报上去，以致组长认为她做事粗心又散漫。

一想到这里，可敏开始觉得心好闷、好憋屈，有股怒气涌上心头。自己是不是被集体设计了？不知道是不是从什么时候开始，就有人在背后恶意捉弄她？抑或是谁特地怂恿大家不要帮助她，要等她出糗、看她出问题？

可敏很难过，难过到觉得这世界容不下她，觉得如果这么小的事都做不好，也许自己根本不应该活在这世上……

但是,她又觉得很不甘心,难道别人就是完美的吗?她想起同事们,想起他们每个人不仅会出错和偷懒,也有背地暗藏私心的行为,她心想,要不要干脆去报复他们,让他们知道,既然彼此之间没有了情谊,她就要把大家的丑事都抖出来。

可敏觉得无地自容,又觉得职场的人际关系让自己好心寒,她想起从小时候开始,自己一直这么努力地去帮助他人、提醒别人,只要有人弄不懂什么事或不擅长处理什么,她都毫无保留地把自己会的、懂的及拥有的资源跟别人分享。她觉得,人与人之间就是要相互帮忙、相互提醒、相互支持啊!这才是一个友善、有温度的社会啊!可是,为什么真实的社会里,人人都只顾自己,只在乎自己呢?为什么就不能像她一样,愿意为别人付出,愿意把别人的事当作自己的事呢?

可敏觉得自己好孤单、孤立无援,这让她的内心充满黑暗。还有,那些人的嘲笑让她觉得全世界都在嘲笑她,全世界都在看她倒霉。在这一刻,她被内心的沮丧和羞耻感淹没,感觉自己不仅一无是处,还会成为大家茶余饭后的笑话。这样的感觉实在太糟糕了,可敏好抓狂,好想放弃一切,她觉得自己干脆消失在这个世界上算了。

深陷在负面情绪的痛苦中，反刍自怜记忆的情绪模式，会让一个人放大不顺心的小事件或小情况，进而让它们在心里变为一个巨大的情绪旋涡或情绪风暴。就像东岸一只蝴蝶扇动了翅膀，却掀起了西岸的一场巨大龙卷风。

我们当然知道，在每天的日常生活中，外界的刺激或事件并不少，它们会引发我们内在不同的感受和大大小小的情绪反应。但有些人不仅会任由自己情绪的渲染力无限扩大，还会深陷在负面情绪中，反复感受情绪带来的痛苦折磨。

你有没有见过水彩颜料滴落在水面的情景？当颜料落下，那一滴颜料碰到水之后，因为其表面张力及延伸性，它成了一圈圈的涟漪，扩散出去。这就像是负面情绪反刍者的状态，从小小的挫折或失落开始，延伸及扩张为负面情绪，直至"自我"消失，只剩下情绪存在，它掌握了一切。

当人们被产生的负面情绪包裹、缠住、冻结时，就会失去即使身在情绪中，仍能继续思考、继续行动，也继续和外界互动的能力。

不断反刍自怜及糟糕感受的记忆的同时，一个人也反刍了一个个循环的负面情绪历程。有这样情绪模式的人通常会自动化地任由情绪扩张、延展、发酵，他们不知道怎么向自己的情绪喊"好了""停"。被引发的情绪立刻会勾动过往许多相似的负面情绪经验，这样的情绪勾连速度通常是相当快的，原本内心还像是落下小雨滴的状态，立刻就会变得乌云密布，形成大雷雨。

不能否认的是，这种情绪模式会让个体很痛苦。因为感受到痛苦、难受，个体也就不由得感到受伤、脆弱，这会令自己崩溃。

这类模式的形成，可以追溯到个体的先天气质，他们往往属于高敏感型。从非常幼年时开始，他们对于环境的变化、主要照顾者的情绪都有非常敏感的反应。也就是说，即使只是一个小小的风吹草动，在个体主观的感受上，它都是一个可怕的威胁或干扰，甚至被怀疑会危及自己的性命。

有些小孩，即使出生没多久，也可以发现他很难被安抚，很难被照顾。像是在夜晚，只因为空气冰冷或有种不安的氛围，孩子就会哭闹不停，出现难以安抚的躁动情绪。在这种情况下，孩子的气质使然，除了比较容易感到紧张及不安之外，也表示他可能是容易感受到环境变动的高敏感人群。

因为情绪的激发是如此迅速，就同一个事件来说，当别人的情绪还没达到满水位时，先天气质敏感的个体，可能早就已经满溢、需要泄洪了。

这样的个体，在其家庭环境及成长过程中，会表现出较多且强烈的情绪反应。无论是大哭、大吼、大闹还是大力拉扯，这些情绪表现的启动，都是因为一个旁人认为再小不过的事件点。此时，若他人表现的反应是责备或是质疑："有那么严重吗？你会不会太夸张？"甚至为了制止个体过满及过大的情绪，而以动手或吼骂的方式干预个体，将无法避免地造成雪上加霜的后果。

想一想，当这样的个体已经被自己强烈、扩张性很强的情绪覆盖及淹没时，就像是溺水的人，他会感到可怕、无助、痛苦及挣扎，他需要的是求助，需要知道有人正在帮助他，这会让他知道自己不至于没命，然后慢慢了解到，没事的，一切都能沉淀、平静下来。

但事与愿违，情绪强烈及敏感的个体，不仅往往在幼年时得不到适当和适度的陪伴以及情绪引导，还会遭受周围无知、无同理心的照顾者或大人的指责与喝止，甚至被以更多的羞辱或批评的方式对待。他们原本亢奋的情绪还未得到调节、未能平复，便又衍生出更多的负面情绪，造成更冲突、更激烈的情绪翻波。

渐渐地，个体开始在无意识中形成一种模式——情绪的感受，即持续性的敏感和激烈，再加上过去被以责备、辱骂的方式对待，这会混合成自己内心的黑暗空间。只要感受到自己的情绪，个体就把自己推进深不可测的黑暗中，任由情绪风暴残害自己或让情绪旋涡无止境地吞噬自己，让自己成为情绪的祭品。

这种对情绪无能为力、无力招架的反应模式，使个体只能忍受情绪的狂乱侵袭，伤痕累累、身心受创，却老是觉得找不到出路，无法从黑暗中离开。而最令人无助及绝望的，莫过于当情绪发生时，个体会丧失自我意识，只剩下对自己满满的失望和沮丧，仿佛自己的生命真的很无所谓。一旦出现"活着也没有意义"的念头，即使有那么一刻惊觉自己好像掉得太深了，他们都可能来不及自救了。

所以，处于这种情感内伤模式的人需要保持警觉和清醒；虽然这么做真的太难了。自动化的情绪模式，会让你不自觉地反刍令自己痛苦及折磨的记忆刻痕，同时也反刍强烈、负面的情绪。但是，你还是需要练习，让自己停止掉进情绪大海的无意识冲动中。当你想自毁和自伤时，你很可能对于自己跌落进情绪大海一事感到无所谓，所以你几乎不会为自己保持清醒而主动做什么，而是任由情绪绑架或拘禁，这是你需要试图改变的地方。

请试着理解：虽然情绪感受是真实的，但不表示那就是外界的客观事实。外界的客观事实不是自己的主观感受能断定与厘清的，往往需要说明、对话，还有适当的澄清。有太长一段时间，你的生命一直被情绪主宰，如果你已觉察到这一点，请将你的理性与感性结合起来，让两者能够相互合作并携手共进，让你的内在不再虚耗，成功地达成平稳状态。

情感内伤模式 7

天真地期待他人的满足及重视，无法适应失落的发生

洪玉怎么都想不通，虽然当初是自己主动提分手的，但她现在已经反悔了，她发现了男友对自己有多好，对自己有多包容；她不应该嫌弃男友，还觉得他不够好。她知道自己错了，不该不珍惜，所以她要竭尽心力挽回男友的感情。

可是，她怎么也没想到，男友竟然拒绝复合，还告诉她，分开后才想清楚，过去都是他委屈讨好、压抑自己。因为害怕失去她，为了维护这一段感情，他才会落得连自己都不认识的后果。既然已经分手，就不想再回到以前的关系模式中，不想再贸然进入一段会失去自我的关系里。

洪玉难以置信，她以为男友是很爱很爱她的，即使她不懂得珍惜，稍微离开他一下，他也应该守在关系里、等她回去才对，怎么可以这样放开手？怎么可以这样离她而去？

在收到男友确定分手的信息，发现男友再也没有给她回应、态度上非常冷淡后，洪玉开始慌张、焦虑、不停地流泪，就像失去心爱玩具的小孩，内心感到懊悔，很难受，也很不安。

男友留下的信息里说，希望两人各自为前程努力，若真的有缘分，未来自然会重逢，但至少不是现在，因为他也受伤了，需要好好疗伤。他希望洪玉不要再打扰他，让彼此都能找到平静的生活状态。

看到这些文字，洪玉觉得自己怎么也看不懂。她愿意陪男友一起疗伤啊！两人重新在一起，难道就不能疗伤吗？为什么要各自为前程努力呢？她已经知道最适合自己的人就是男友啊！

洪玉看不见自己的盲点：无论对方诉说什么心声或心境，她都不愿意接受。只要不是她认为对的方式、不是如她所期待的，她都说她不明白、不懂。对洪玉来说，她对世界的认知是："只要我想要的，世界就要满足我；只要是我所渴望的，他人就要和我一起实现。"

她对世界的认知非常天真："只要我想、我要，这世界怎么可能不照着我的希望、我的期待运转？"她是抱持着这种信念一路成长过来的，总是努力地争取、努力地拥有、努力地达成自己所要的目标。在她的经验里，都是她选择人、挑选人进入她的世界，怎么会出现"自己选定的人却拒绝了我"这种事？

洪玉觉得好难受，难受到好像有股强烈的愤怒，让她想大声呐喊："谁可以帮我，叫我的男友回来？谁能去告诉我男友，我要他回来？只要他能回来，我一定会很爱他、很珍惜他。谁能帮我告诉他，我真的很需要他？我真的不能没有他，谁能让我不那么难过？谁能帮我让他回心转意？我真的好难受啊。"

天真人格原型的个体，相信这世界是他的伊甸园，其间没有失落、没有苦难、没有伤心、没有缺乏，一切都应该无缺无虞、无忧无虑，包括爱和呵护应该一直存在。

什么样的人会一直处于这种天真者的人格状态呢？

害怕面对现实残酷，也害怕接受失落的人，会竭尽所能地抗拒内心感受到的痛苦及心碎。他以为自己只要挣扎、拉扯，拼命地抓住他不放手的"希望"，那么这世界，还有在乎他的人，都愿意让他的愿望得以实现、得到满足。

因为抗拒接受事实，也拒绝接受失落，甚至认定了失落等于失败，一旦身处任何可能面对失落或失败的处境和遭遇，他就会体验到强烈的撕裂感和破碎感。他讨厌这种感觉，讨厌遭遇失落和失败，仿佛这会证明自己不好或有错误。当他这么认为时，就会以所有力气抗拒生命里遭遇的各种失去、各种失落。

失去，意味着情况达不到我们的预期，这种情况同时涵盖了挫折的发生。若一个人从小形成的模式是抗拒失去、避免挫折，无论如何他都要用尽力气争取，绝不能放弃实现目标，那么这等于已种下了一个未来反复痛苦及受伤的根源。

为什么这么说呢？

失落和挫折的经历无法避免，即使再聪明优秀、再有身家背景、再有外貌才华，在这趟人生历程中，毫无失落或挫折都是不可能的。有时候，能够拥有和获得，并不在于谁是最优秀、最美丽、最受瞩目的，而是在于谁是"最适合的"。我们不会什么都适合，也不会遇到任何关系时都觉得适当，所以必然会遭遇失落或期待落空。这种时候，很重要的一项学习，不是不服气或不甘愿地继续强求，或是秉持不放弃的态度非要不可，好证明自己不会经历失落或挫折；反而是要学会从这份失落及挫折中体会自己的渺小，承认自己的有限。

人的一生，必须历经些许失落及挫折，才会懂得谦和，才能试着从中学习并调整自己，警示自己切勿过于膨胀、自大，学会务实地、诚恳地面对自己、对待他人。

我们的家庭及社会往往灌输给我们"只准成功，不许失败"的信息；面对失落或挫折时，我们又没有适当的情感支持及情绪引导，这导致失落和挫折成为我们集体恐惧和焦虑的体验，我们不知道如何与遭遇失落和挫败的自己相处、和好，进而修复与自己的关系。

许多人正是在这种模式下面对关系，处理有关相处的问题。他们以控制及要求的态度，强求关系满足、符合自己的期待。当关系有所失调或失落时，他们便不知道怎么面对和处理自己的挫折了，以为只要保持过度的乐观、天真的信念以及耍赖或执着的态度，终会让人不忍及不舍让自己受伤。他们却没想到，如此这般反而不断将自己置于失落中，反复受挫，一再破碎。

毕竟，失落一旦成为事实，不是用尽全力、执着强求就能扭转情势的。

面对事实、面对真相，是成人培养自己勇气的机会，也是我们不被挫折感威胁的方式。让挫折回归事实本身，无论那是自己的限制，还是对方的限制，甚至是环境的限制，都应该接受现在的局限性，而不是强求再耗费力气、奋力一搏。

很多时候，过度的"非要不可"才是让我们无法调适与面对自己心伤的原因。你不是将力气用在修复自己、让自己好起来、找到自我成长的方向上，而是用力抵抗一个已然是事实的结果，那不仅会让你耗费心力也无法得到自己想要的，更会让你因为一再受挫、受伤而一蹶不振、难以前进。

情感内伤模式 8

固执主观地解读外界及他人，活在内心的暗黑小剧场中

名雄看着自己告白的女同事——艾琴，发现艾琴在收到自己的告白信之后，对自己很冷淡。他很疑惑，两个人以前见面还会点头微笑，聊上一两句，怎么现在的变化这么明显，连目光稍微接触一下，艾琴也会马上回避。

名雄悄悄观察了几天，他发现只要自己出现，本来和其他同事说说笑笑的艾琴，会突然变得安静、沉默。若是他主动邀请大家一同吃午餐，艾琴一定会说她有事，不一起了。

他没有收到艾琴的回信，也没有感觉艾琴想和自己谈一谈。他自认为自己可以接受拒绝，只要说清楚了，大家还是可以好好当同事。可是为什么艾琴什么表示都没有，还有意冷淡、拉开距离？

名雄越想越烦躁和忧心。艾琴会怎么看自己？会不会其他同事都知道了这件事，正在背地里取笑他，自己却什么都不知道？因此，他决定找比较熟悉的同事问问。同事表示没

听说,不过经名雄一提,感觉气氛好像也怪怪的。于是,名雄索性大胆地问同事,艾琴究竟是怎么想的?为什么连个回音都没有?她到底是在考虑,还是不想理会?自己到底应该更积极,还是该多等待?

同事也不知道怎么回事,只好劝名雄想开点,如果女孩子没有回应,或许就是缘分还没到。

那天之后,名雄并没有就此放下这件事,他依旧观察着艾琴,不停地从艾琴的举动中,猜测她释放的信息是"我喜欢你"还是"我讨厌你"。但大部分时间里,艾琴都面无表情,不然就是和其他同事互动。

几周下来,名雄的焦虑和烦躁并没有减少,他甚至怀疑,那个曾听自己吐露心事的同事是不是也对艾琴有意思?为什么他们常常会一群人去聚餐或看电影,却从来没有约他?

名雄越想越不对,越想越混乱,他开始觉得艾琴藐视他、不尊重他,把他当作不存在的人。这种感觉很糟,仿佛自己是个让人想要摆脱的对象。他对艾琴的感觉开始扭曲,心想:也许艾琴根本是个对感情不忠的人,她不想表态,就是为了让自己能一直暗恋她、喜欢她,这样就可以一直占上风,让他离不开也得不到。这样一想，名雄开始觉得艾琴根本就是个坏女人，也许她没有自己想的这么美好、这么善良；这种骄傲的女生，有什么了不起的？名雄开始在无意识中敌视艾琴，这是他自己没有觉察到的。

我们从小就很会"猜"，"猜"妈妈心情为什么不好，"猜"为什么爸爸比较不重视我，"猜"我到底要怎么做，才能得到同学或老师的喜欢。

我们每个人都有很长的"猜"的历史。小时候的"猜"，是因为大人叫我们不要问、不要多嘴，于是我们只能靠自己察言观色，自己猜，自己下定论，自己捕捉线索、解读线索。

长大一点后，我们"猜"得更厉害了。"猜"同学和老师的言行举止以及他们话语中的意思；"猜"同事人好不好，有没有什么心机或目的；"猜"主管要我做什么或是不喜欢我做什么。我们以为体贴就是"会猜"，就像父母说的："不用人家说，你就应该懂得别人要你做什么，主动一点。"所以，我们在不知不觉中，以为"会猜"是种能力，也是种美德；以为自己总是能猜透别人的心思，并把猜测视作自己的直觉，认定自己一定能知道别人没说出来的意念，而且其准确性八九不离十。

关于这种现象，我常觉得，是因为我们的社会不善于思辨、不善于对话，人人都像通灵者般铁口直断。很多人既不需要信息内容，也不用交谈核对，就认定了别人"一定是怎样，才会这样那样"。

"猜"是我们小时候因为得不到说明，也无法获得询问、表达、对话的机会而产生的自动化"解答"模式。我们通过猜测的方式，让自己感觉到的诡谲无名的焦虑不安情绪，有个得以缓解的暂时解答。其作用是应对我们面对未知、面对不确定时的恐惧和躁动。

然而，当我们习惯用"猜"的方式来应对成人后的人际关系与生活环境却丝毫不觉的话，那么"猜"就会成为自动化的反应模式。我们无法停止以自己的主观解读来判断他人的意图及外界的情况。此外，若我们的世界观是偏向负面的，便更会自动以敌意的、邪恶的、扭曲的眼光来看待外界。那么，在猜测的过程中，我们不仅会很自然地往坏处想，还会灾难化地想象出各种可怕的情节。

所以，很会猜的人，同时也会成为很会吓自己的人。如此恐吓自己，当然会心神不宁，还可能疑神疑鬼，出现疑心症状。

太会猜却不懂得澄清及查核的人，无法厘清事实，只能一个人闷着想破头。当想破头也想不出"答案"时，就可能自动脑补，创造各种可能的答案，好回答自己的问题。拥有这种模式的人往往太执意认定自己的想法是正确的，无论他人后来怎么说明或尝试沟通，他也会认为，别人这么做只是欲盖弥彰、强加解释，无法松动他的主观认定。

拥有这种自我偏执倾向的人，时常因为自己的扭曲想法，而让情况变得越来越糟糕，这不只造成对自己的打击和重创，也造成对他人的指控和仇视。

当然并不是这样的人必然会成为偏执狂，但若不适时发现及修正，发展成偏执狂的情况将难以避免。

典型的偏执狂表现包括两项：一是因为夸大的恐惧干扰，个体认定坏事一定会发生；二是担心其他因素或条件会导致坏事发生。

偏执的人会烦忧，有人正设法导致他遭到人身攻击，甚至会杀害他；也担心某人正设法导致自己遭遇实际上的情感伤害（如外遇、出轨、背叛）；或是将偏执表现在认定某人发布了关于中伤他或毁谤他的不实传言，以及担心某人设法从他身上窃取或诈骗金钱上。

这种对世界糟糕及负面的想象，以及毫不怀疑地认定"坏事"及"伤害"一定会发生在自己身上的想法，可能来自幼年时的不幸或是童年时曾遭遇的丧失及不公。他在无意识中，将过往的经验谨记于心，耳提面命地要求自己务必防范那些可能的损失及伤害。他太害怕被骗、被害、被恶意对待，因此拿所有夸大的恐惧情绪来猜测及怀疑别人，而不是做更实际、更有建设性的自我保护或关系维护。

最常见的例子是，已婚者并没有因为结了婚，而把心思和力气花在了解如何培养与经营关系上；无论是知识或技巧，全都无动于衷，不愿学习，却对伴侣采取紧迫盯人、严加管控的态度，并且提取自己强烈而夸大的不安全感，用以要挟和恐吓伴侣，配合自己的作息与行程。当他们自己要检查伴侣的私人物品及通信记录时，伴侣应该毫不犹豫地提供并配合，这才是无愧于心，没在背地里做什么对不起他们的事。

被自己的恐惧及不安全感支配的人无法真正理解和体会——对周围关系里的人们来说，遭到如此的怀疑及紧迫的盯防究竟是什么感觉。

我们的内在确实会体验到焦虑及惶恐，但若是无视于害怕自己受伤与受害的扭曲信念，任由自己被夸大的恐惧及不安全感左右，便会沦陷在受害、受苦的心境中，不可自拔。你要试着明白，自己的想象和现实之间，一定会有差距；而自己所认定、猜测的，不必然是客观的事实。因为这世界并不是以我们为中心运转的，也不存在于我们的脑海中——并不是只要我这样想，事情就一定会成真。

试着停止对自己的夸大想象，也停止漠视这世界真实的存在，这是我非常重要的建议。

情感内伤模式 9

受亲情捆绑，困在至亲关系的控制和支配中

曾莹是家中的独生女。从小同学就羡慕她是家里的掌上明珠，备受父母亲的疼爱和保护。曾莹从小也一直这样告诉自己，父母把爱都给了她，她有他们的保护及无微不至的照顾，实在是太幸福了。她一定要永远和父母亲在一起，一辈子都不分开。从有记忆开始，她就听妈妈说，以后爸妈年纪大了、变老之后，就只能靠她照顾了，所以她不能离他们太

远，要时常和他们在一起；不要落单，也不要花太多时间在外面，毕竟外面危险多，也有坏人，还是家里最好、最安全。只要有父母亲在，没有什么是一定要自己去闯、去冲的，生活所需要的一切，都由他们准备妥当。

无论是房子、基金，还是足够的保险及储蓄，家里都安排好了，只要大家都平安、健康，没有什么一定要曾莹烦心、担忧。

所以，曾莹从来不用想她要读什么学校、读什么科系，未来要成为什么样的人。妈妈总是告诉她："我是你最重要的人，你是我最重要的人；我是你的妈妈，也是你最好的朋友。我们俩什么事情都要坦诚相告、真诚分享，我们要做彼此生命里最重要的人。"因此，从小到大的任何选择和决定，曾莹都是听妈妈的。她不想让妈妈失望，也不想让妈妈觉得被背叛或抛弃，所以，就算她知道同学们有什么生涯规划，或暗地里羡慕同学可以出国深造，她也从来没有想过："那自己呢？自己有心愿吗？自己有想要体验的人生吗？"

"只要离开妈妈、离开家，就是不对的。"曾莹自然而然地这么认为。

随着曾莹长大成年、进入社会,虽然还是在自家的公司上班,但曾莹有更多机会见到形形色色的人,也开始在网络上看见各种多彩多姿的生活分享,像是有人去自助旅行,分享当背包客的体验;有人报名烹饪短期课程,分享自己做糕饼、甜点的乐趣;有人则参加国际志愿者活动,到一些有需要的国家照顾当地的儿童。

每当看到这些时,曾莹就会觉得自己的生活有点乏味、有点单调。当她尝试告诉妈妈,现在的生活太安逸,她想要一些变化,想在年轻时拥有一些特别的体验时,妈妈就会严肃地说:"不要想那些。你现在很幸福,不要身在福中不知福。那些人体验完了,还不是要过这种平稳、安定的日子,你比他们提早拥有了,要感恩。"

曾莹只好不了了之,并且告诫自己,不要羡慕别人的生活。妈妈说得对,就算到世界各国又怎样,最后还不是要回家过安定的生活,何必多跑这一趟?更何况,那些体验又不能证明什么,以后老了,搞不好就全都忘了。

只要能让妈妈放心,别让妈妈不开心,曾莹都会要求自己别做、别想。没想到的是,曾莹无意间在网络上和一个男孩聊得很来。对方在一家咖啡店工作,同时也在当学徒,他的梦想是开一间有自己风格的咖啡店。曾莹突然觉得很新奇，也很好奇，为什么要开一间有自己风格的咖啡店？还因为这个原因而去当学徒？这让曾莹觉得不可思议，怎么有人对自己的梦想这么清楚？而且还会做许多学习和计划，只为了一个"梦想"？

这不但刺激了曾莹的想法，仿佛也在告诉她——她并不认识自己。她对自己的人生那么无知，好像有点诡异。于是，她开始试着不再跟妈妈讨论自己的想法，并且开始参加一些社会活动，像是一日烘焙工作坊，或是了解如何品尝咖啡，也试着去听一些团体的读书会和讲座。她想知道，自己到底会对什么感兴趣？自己对人生会不会有什么渴望？

她以为不必让妈妈知道自己参与这些活动和团体课程的事，只要自己默默行动就好了，却没想到，某天妈妈会当着她的面说："你最近常常不在家，也不像以前一样，假日跟我去菜市场或是百货公司。你什么都不跟我说，是不是觉得我烦了？是陪老人家让你觉得乏味了？我也想往好处想，也许你只是有自己的朋友，想见面聊聊天，并不是想丢下我，弃我于不顾。我快40岁才生下你，就是希望你能陪陪我，让这个家不要太安静、太无聊。结果你现在大了，却只考虑你自己，过你自己想过的日子，把我和你爸爸抛在脑后；我们好像被利用完了，就被丢掉了。如果早知道最后还是要孤孤单单的，那我那么辛苦生下你做什么？"

听到这里，曾莹不敢相信自己的耳朵。妈妈是怎么了，竟然讲出这么有攻击性的话？为什么她去认识自己、发掘自己，这些却成了让妈妈孤单及失望的行为？为什么对别人来说，人生里很自然的追寻，对她而言却是那么沉重、那么罪恶、那么离经叛道的坏事？

如曾莹一样，有些人从很小很小的时候开始，就一直接受别人对他的设定、对他的期待。大人们不仅将许多家庭认定的观念、教条、规范加诸于他，更是不厌其烦地告诉还是幼童的他：他是为了某人而存在。

这样看似被赋予期待的重要生命，一诞生就注定了某种命运：他不能有个体性、没有自我发展的权利，他的生命的存在是为了别人的需要而设定。因此，他身上背负的是另一个人投注的心力及期望，必须因着与另一个人的情感牵系而活着。

若是自小开始，"必须为了另一个人或关系而存在"的信息，总是从四面八方而来，毫无缝隙地灌输于他的每一条神经、每一个细胞中，那么，就像人工智能的发明是为了执行某项任务、达成某些目标一样，他几乎没有空间，可以对关于自己是一个"人"的存在的信念有所觉醒。

从小被加诸许多观念、教条、规范的个体，会由内而外，由外而内地，从自己为何存在的信念，到自己为何存在的目标，全然被所灌输的那些信息占满，就像一部空白的计算机，被灌入了什么样的操作系统、程序，就会照着这些系统运作及执行。当出现外来且不兼容系统的程序或信息时，个体一定会出现极大的认知失调；情感造成的冲击也会引发个体的混乱和质疑。如果原本被灌入的系统非常强大的话，即使有升级版的操作系统出现了，个体也会因为那些不兼容带来的失调及疑惑而感觉混淆、不舒服，认定那些新信息、新程序为"病毒"，是让我瘫痪的，会对我造成危害。

个体却不知道，最初被灌入的生命执行系统（生存信念、存在价值、教条规范、观念制约）中含有木马程序。（此处借用了以木马作为礼物来欺骗守城者，却偷偷将士兵送入特洛伊城的故事，指那些伪装成正常程序的破坏性程序。就像特洛伊的木马，木马程序会在计算机中开一个后门，供恶意用户或程序窃取机密或个人信息。）也就是说，在那些忠孝仁义、亲密幸福、安逸安全的崇高意义下，暗藏的剥夺及监控、支配与操纵，才是这些高度道德、高度期待及高度理想的信念所欲执行的。

最简单的检测是，当你开始要进行关于"自我"的探索及认识时，当你想行使你身为人的权利——有自己的思考、有自己的感受和情绪、有自己的选择及行动时，你觉得这些权利是否被赋予，也被维护呢？还是你被期待最好保持在一种"不成长""不改变"及"不思索"的状态中，只要乖乖地、安静地、毫无异议地配合就好呢？你是否会因为意识到"自我"，而立刻出现不安、罪恶感、焦虑及空洞感呢？

亲情的捆绑及剥夺会让我们困在至亲关系中，无法伸展及成长。为了进行控制和支配，我们所信任与依赖的亲情对象会反复地告诉你，你是他最重要，也是最关心、付出最多的人；他不能失去你，你也不能没有他。

当我们探讨来自亲情的绑架及控制时，最能引发个体的恐惧及罪恶感，让他不敢自由行使主张的最常见的形态有四种：经济控制、情绪威胁及操控、暴力制止，还有以性命为威胁。

这些威胁或利诱之所以有效，是因为人有求生的本能，会以生存安全为前提。只要能避开危险，获得生存保障的条件，个体便会偏向顺从与屈服；越是处境不利及弱小者，为了巩固生存的条件，便越会以接受控制和委屈顺服为代价。

这并不是说，我们应该狠心地不顾念亲情，而是要思考：什么是健康的亲子关系？亲子关系的意义和价值是什么？是否有唯一的标准和唯一的做法？当自我的成长历程面临挑战及困难时，自己是否也会以亲情为生存保障的来源与依赖的对象，不自觉、自动地和亲情依附相连？因为害怕面对独立任务和存在的孤独感，我们是否宁可舍弃自我的主体性，转向紧密共生？即使亲情关系纠葛，自己是否也不愿意厘清关于个体生存的责任和每个人要背负的成长代价？

并不是因为有亲缘关系，自我就必须消融于亲情关系之中，背负对方的生命责任和义务——这是长久以来加诸在我们身上、似是而非的要求及教条。例如，"你是姐姐，你有责任和义务让弟弟过得好""你是小孩，你有责任和义务让父母骄傲、有面子""你是女儿，你有责任和义务聆听妈妈的心事和烦忧，做个贴心的女儿"，或是"你是妹妹，你有责任和义务帮你的哥哥照顾家庭"。

我常常感觉到，我们的社会是一个"惩罚努力者"的社会，灌输给个体许多"能者多劳""你一定行的，多担待点""你有能力，不能拒绝帮忙"的观念，对其进行道德绑架。然后，在无法辨识及厘清的状况下，人只能闷着头、压抑自己，即使内在有许多疑惑和冲突，但为了以和为贵、避免人际冲突，也为了不让亲人伤心和担心，于是我们长期受这些模糊、混淆概念的束缚及捆绑。

真正的明辨事理，是要思考的；真正的以和为贵，是在顾及彼此的权益，不剥夺、不强迫地互为主体时共创的。若只是单方面灌输及强加，在权力关系不平等的情况下，很容易造成控制、支配和操纵的局面。

如果你发现自己身处这样的关系处境中，就要面对自己真实的"不对劲"的感受，就不能再用许多过去的道理、教条说服自己，更不能再以"爸爸说""妈妈说"或"某人说"来顶替自己的看法及观点。你已经失去自己太久太久了，你对自己感到陌生，也对自己感到疏离，若再持续以权威或亲人的说法、想法作为自己的信条，你要何时才会为自己的存在勇敢一次呢？

在这种情况下成长的你，不确定是否有信心建立自己、照顾好自己及承担起自己的责任，所以，你把自己的主体性舍弃了，依偎在亲情关系中，而这其实也是你恐惧独立的反应。无论你相不相信，没有人是在确定拥有独立的自信后，才开始独立的。自立的勇气，表现为个体想实实在在地体验及发掘自己的存在价值和能力而开始的行动，它来自不漠视自己，也来自勇敢走出舒适圈的自我挑战力。

不做、不行动，就永远不知道自己是谁。关于自我的探索及建构，并不是靠"想"，而是靠实际的接触、尝试和实验，还有修正及调整。当你越有能力与信心建立自己的生存能力，你会越了解自己的价值所在，你才拥有能力及内在厚度，为亲情关系重新调整出新的互动形态及模式。能不能试着用健康而合宜的关系模式影响你的亲人，这也是不能强迫和控制的；但至少你能清楚自己内在的所思所想，不再人云亦云，也不再轻易地受别人摆布及威胁，并因此而动弹不得。

情感内伤模式 10

否认及压抑内在真实感受，强迫自己伪装坚强与无恙

曼莉身体极度不舒服，她全身颤抖、发冷冒汗。尤其是

胃，频频作呕，一阵闷痛，一阵发胀。她头痛到像是被金箍圈住似的，有种紧缩到快爆炸的感觉。她动弹不得，只能蜷缩在床上，什么都不能做，连起床拿止痛药都办不到。

曼莉非常熟悉身体的这种状况，大约从她念中学的时候开始，这个问题就一直困扰着她。尽管做了无数检查，也找过各路有名的中西医，但状况都没什么改善。她没有从各种门诊中得到什么确切的诊断，医生们总是告诉她："压力，这是压力所致，你需要释放压力。"不然就是告诉她："你要放轻松，不要想太多，也不要太认真，把生活节奏放慢一点。"

每当听到这种说法，曼莉都会皱紧眉头，心里吐槽着："要是可以放轻松，谁想要紧绷？"尽管如此，认真的曼莉还是找了许多方法，试着做到医生所说的"放轻松"。她报名了瑜伽课程，也学习了呼吸法，还买了健身房课程；不仅如此，什么能量转化、花精疗愈，只要与静心放松有关，她都会去尝试。她还买了许多解压产品，但情况仍然反复出现，说不上来究竟是依循着某个周期，或是因着什么突发事件的刺激，总之，曼莉还是必须承受身体突如其来的痛苦折磨。

有句话说得好："你对身体的不好，身体总会在某一刻，要你加倍奉还。"曼莉想到这句话，感慨不已，她知道自己对身体很不好，常常有一餐没一餐的，就算是吃饭，也不太注重到底吃了什么。她的工作需要长时间伏案，有接不完的电话、处理不完的文件，还要带人、管人，这让她日日夜夜都在操劳工作，无法得闲。即使曾因为身体不舒服的症状太严重而离开职场一年，但回到职场之后，曼莉还是饱受身体疼痛的干扰。

曼莉一直知道自己很注意小细节，很多事情不做就算了，一做就要达到自己的严格标准。她受不了被认为是笨蛋，也讨厌男同事嗤之以鼻的轻视感，所以她做事一定卯足劲。

曼莉并没有觉察到，她会不自觉地和男性竞争，并在无意识中涌现出对男性不屑的念头，例如："这些男人只会张张嘴发号施令，真要执行的话，半点步骤都不懂。"她还对职场上大多是男性主管的现象不以为然，她会想："这些男人只会搞权力斗争，要是真的没有女人从旁协助，他们就会一事无成。"因为这样，曼莉绝对不会在职场上表现出软弱或束手无策的样子。她特别讨厌一些小女生装作柔弱的模样。有一回，一位年轻的女同事搬椅子撞到了脚，她娇嗲地"唉"了一声，招来男同事帮忙。她看不下去，直言道："一把椅子都拿不住，大概连拿饭碗也会掉吧！"然后她会在心里想："就是因为有你们这种女孩子，男性才一直压制女性，真让人受不了。"

曼莉虽然要求自己能力强，但并不刻意做中性化打扮；即使如此，还是会有人告诉她："你不要事事自己来，示弱一下，能合作也不错啊！你何必做什么事都表现出独立和一切都可以靠自己的样子？"只要听到这种言论，曼莉就会觉得很不舒服。她不懂，为什么要装出一副自己很弱的模样来讨他人欢心或换取他们的合作呢？自己有手有脚，能够独立自主，这不是应该庆幸的事吗？

她从小就觉得，霸道无理的爸爸，只因为是男人，所以做什么、说什么都是对的，对此她实在不以为然。爸爸会没来由地发泄情绪，她不理会，还因此被爸爸教训过几次。每次快把她打个半死时，妈妈就会要她赶紧跟爸爸道歉，向爸爸求饶，还要她跪下来跟爸爸说，自己以后都会听他的。听到妈妈的话，曼莉就会睁大眼睛怒视着妈妈，同时用表情告诉爸爸："就算你把我打死了，我也不会示弱，对你哭喊一声！"

所以，曼莉很小就开始打工，有机会就到外地读书；半工半读再苦，也绝不向家里要一分钱。她不知道自己从几岁起就明白了，她是个女生，在家里没有什么地位，在外面的社会也常要忍受歧视和骚扰。如果自己不刚强、不保护自己，就算软弱哀嚎，也只能换来别人更无情的糟蹋和嘲笑。无论如何,她都不会让人看见她心中流不尽的眼泪,也不会让人逮到机会轻视她、伤害她。

曼莉没想到,她的身体成了自己抵御伤害和轻视的盾牌。虽然这好似在保护自己的内在,不至于轻易受伤,但在漫漫岁月里,身体一直在为她承受环境无情的压力,也承受着来自自己的命令及要求——不能松懈,不能让人有机可乘,不能表现出自己的脆弱及需要。她的身体就像作战多年的军队,没有后方补给,没有其他骑兵支持,一直在孤军奋战,直到耗尽气力。可是,就算知道身体情况堪忧,她还是要它拼命抵抗,为了尊严,宁死不屈。

曼莉是那种曾在过往的岁月中,因为经历了许多来自家庭无情的打击和痛苦的羞辱,发自内心地排斥与厌恶"弱者",更不允许自己成为"弱者"的人。当个体认为是"弱者"的身份导致自己受害和受苦时,就会有这样的信念:说什么都不能再当"弱者",务必要"坚强",杜绝任何因为被当作"弱者"而被击溃的可能。

一开始,他们可能只是为了不想再感受更多的伤痛和脆弱,才不得不全副武装及强忍着;但渐渐地,"坚强"成了自己再也脱不掉的面具和盔甲。

你可能会认为，坚强有什么不好？坚强的人不会被欺负、不会被轻视，也不会任人糟蹋。然而，这种强迫自己无时无刻必须强悍的驱力所付出的代价，是耗尽全部能量与心力去撑住自己，并忽视自己内心的呼救，直到耗竭、干枯，甚至倒下，才得以心安地停歇。

这样的人，不是真的完全无感于自己的辛苦和内耗，而是过往的伤痛经验让他不愿意、也不能够重视与聆听身体的呼救。示弱对他而言是羞辱和欺凌的召唤铃。他所深信不疑的是——唯有武装自己，才能保护自己，脱离过往那些羞辱和压迫。这世界不会有任何人，给予自己任何帮助及救援。对外呼救或求助不仅无效，反而会暴露自己的无用和脆弱，并招来不必要的批评。

但是，无论多强大的人都有自己的局限，没有人是无所不能、永不枯竭的强者。若不能诚实地面对自己的限制，便会无限度地耗竭自己；付出的精神与身体代价只能让自己的活动范围更加萎缩，让自己加速崩溃。

当然，我们要问："为什么接纳及感受自己的脆弱或限制是那么可怕的经验呢？"幼年时，相较于大人，我们的身材体型必然是弱小、脆弱的，我们抵挡不了大人的出手或吼骂带给我们的冲击与惊吓，所以我们会受伤，并感到十足的威胁。那些从早年生命经验中累积的受害、受苦的记忆与感受，长大后虽然会在我们变形成看似较有能量的愤怒和反弹，但其实我们也只是想隐藏那些恐惧和无助，不再被人识破。

在我们所处的人际关系里，这些愤怒常不自觉地被我们投射在那些与过去的欺压者具有相似形象的人物身上。当我们面对这些人时，抗拒、畏惧、惊吓乃至不自觉的回避，常常无法克制地涌现。当内心因为那些情绪拉扯而无法获得平静安稳时，我们更会因为混淆的感受，无法清楚地分辨出，"过去"和"现在"的情境已不相同，"过去"和"现在"的自己也不同了。这种感受还会对现实感造成阻碍或破坏，让我们将过往遭遇的情节毫无辨识地推论到现在的其他关系上，例如，一位女士觉得父亲很暴力、为人很糟糕，便直接推论：所有的男人都很暴力、为人很糟糕。

过去僵化的情感创伤及情绪阴影逼迫我们以好强作为应对方式，我们以为这样就能不受伤，也就不必自怜地把脆弱处暴露给别人看。这份要命的好强，其实是为了保护那个在过去受苦经历中形成的低自尊的、受损的自我。在没有重新理解这个世界及重新接纳自己的情况下，这种好强逐渐变成了无法进行弹性调整的生存模式，哪怕危害了身心健康，我们还是会因为难以招架心中的不安全感，而要求自己绝不松懈。

一个人有多坚强，往往代表他曾经历过多少的艰苦及辛酸。我们或许会将注意力放在看似无坚不摧的气魄上，却鲜少思索：在一个人看似坚强的外表下，有多少说不出的苦楚及脆弱？一个人究竟经历了什么，才会只剩下"坚强"？如果可以不再坚强，那么他会不会有其他机会，活出不一样的人生？

坚强，不是强壮。坚强，想摆脱的是内在的软弱及无助感；而强壮，是真实地与自己内心的脆弱及局限接触，与之达成和解；是在自我重整过后，产生的自我支持力量。

拼命要求自己坚强的人，既没有弹性也没有自由，他的存在完全是为了"不要受伤"，进而变得努力且强悍。然而，强壮的人是自由的，因为他相信自己有能力保护自己，也信任自己能为自己的安全负起责任，并能找到稳定及自在的方式，安住在这个世界上。

若要生命能感觉到喜悦及满足，需要的是强壮。若只是依靠幼年时设定的"生存信念"及"情感模式"，我们还是会离完整的自己很远很远，这不仅切割了自我，也会从此封锁了对自己生命的情感。

第 3 章
改变你的内在系统：打造自我守护能力的自救行动

从前两章的叙述中，我们可以了解到，从童年时期开始，由家庭关系、照顾关系、友谊关系、伴侣关系到职场关系，再到亲子关系，我们在各种人际关系中会遭遇许多伤痛，进而产生一连串的情感创伤及失落。这些情感的痛苦及失落，让我们产生了许多扭曲的自我观感及偏执的认知信念，使我们深信不疑，一些糟糕及不幸的情况会不停地出现或发生——"一定是我的错""一定是我不好""我会被抛弃"或"我是糟糕的、差劲的，没有人喜欢我"。同时，复杂的痛苦情绪，如自卑、沮丧、羞愧、不平、孤单及挫败等，也会纠缠我们的生命。

我们的行为反应，会配合这些已经扭曲与偏执的认知信念，以及负面的自我观感，产生许多防御的、讨好的、顺应的和回避的应对模式，并且，渐渐地以一种自动化、类似不必思考就会自然而然发生的"习惯"反应，无意识地在生活情境中反复发生。

只要将情境与过往或早期所体验到的人际的痛、情感的伤对应上，那一组认知想法、情绪感受及行为选择的自动反应，就会自顾自地再度上演，重现过往曾体验过的某一次痛苦或焦虑，并让我们再度经历其中的不安、无助及恐惧焦虑。

如同我们探讨的10种人际之痛及情感内伤模式，那些会令我们身不由己、情非得已或明知不可为而为之的反应，就像一股内在的驱力，让我们根本无法自控，不清不楚地深陷于某种处境或心境里，不可自拔。

或许你已经觉察到，自己曾经历过这样的反应——一旦外在环境出现某种情况，就像从哪里伸出的钩子似的，钩住你，接着缠住你，让你动弹不得，只能冲动地、无力抵抗地、无能为力地往某种熟悉的结局走去。

这就是你的内在系统。它是在不知不觉中，通过家庭制约或环境塑造而设定下来的"模式"，包括与人互动和相处的模式、处理压力及解决问题的模式、情感依恋与分离的模式、危机应对和挫折处理的模式，还有通过你处事待人的过程形成的模式。

拥有模式或习惯能让我们免于无知与不知所措。这是人类的学习能力，它总能让我们在经验中发展出自己的心得和生存方法，并能有所防备，知道若是下一次遇到同样的情况，自己该怎么办。

在我们身上累积而成的这些模式或习惯，虽然曾是一时的协助，帮我们适应环境，但物换星移、时空更迭后，它们却可能会成为我们生命中很大的束缚和捆绑，也可能成为我们发展人生、成长为完整自己的阻碍。

同时，可能因着这些模式或习惯，我们的关系反复陷入恶性循环的过程，充满纠葛、挣扎、痛苦及伤害。我们不仅无法从关系中体验到爱与尊重，还不断地遭遇侵犯、剥夺、剥削与控制。

救援陷在受苦关系中的自己之前，你要先知道如何自救，学会有效地提升自我效能、充实内在的力量及培养相应的处理能力，破除一些根深蒂固的歪曲信念，松动你面对外界时的自动反应，给予自己建立及提升内在系统的机会。

如果你感到消极、想要退缩，并有"好难""好累""好艰深"的反应浮现，请注意！这也是一种自动化的、阻止自己改变的模式，它让你受内在的无助感与无力感支配，无法肯定自己存在的价值及意义。

如果你有意愿，也真心觉得这是自己想达到的生命状态，那么请你带着热情及一些好奇心，投入这一建立内在新自我系统的挑战过程，陪自己探险，也陪自己锻炼力量。

以下有8个环节，我称之为"自救8行动"。你知道的，如果你只是看了书（或翻过书），或听人家说过、提到过，却没有从实际行动开始自我研究，就无法从实战中获得经验值，无法知道更新自己的模式和提升自我的觉醒意识是一个什么样的过程。

这8个自救行动是我认为社会很缺乏，或是根本忽略的自我效能行动。我们的内在系统常处于无法处理复杂情况的困境中，特别是人际关系的冲突或情感纠葛；于是我们很容易宕机、犹豫和迷惘，不知道该怎么选择与决定如何进行下一步行动。

自我情绪的关怀更是极度缺乏。我们对情绪往往只有漠视和贬抑,不然就是任由它扩散爆发。但事实上,无论是隔离情绪、压抑情绪还是发泄情绪,都是对情绪的置之不理与缺乏关照。

现在,我邀请你依序进入这8个重要行动,试着阅读、理解、举一反三地与自己的情境和经验联结,对自己进行反思,并规划可行的改变。通常我建议大家,不要一下子就怀抱远大的梦想,而是先认识清楚——最可行也最能达成的小目标是什么,然后从这里开始。试着持之以恒地去做,以发展成新的好习惯。

另外,你需要了解,能做得到的事,这样它才被称为"行动";若只是想,却没有行动,那就只是空想。或许你需要时间酝酿,但酝酿过久,就像是一部明明要上路的汽车,引擎却迟迟不热且没有可奔跑的能源,那么这辆车还是哪里都没有去,只能停在原地。

所以,不要害怕出发。即使停停走走或是弯来绕去多走些路,都好过没起步、没前进。我始终相信,只要定好目标及方向,即使走得再慢,也总有走到的那一天。

自救行动 1

在人我关系之间，建立有效界线的概念

在许多课程里，我常会被问到各式各样的问题，其中出现率极高的问题是：如果在工作环境里遇到的同事或主管，每日总是带着负面情绪，动不动就暴怒、抓狂、发牢骚，情绪既激烈又暴躁，自己到底要怎么面对以及与他互动？

因为出现率极高，我不得不怀疑，是否大家集体在暴躁的环境下工作？如果是这样，身心的平衡肯定会受到不小的影响。

若要回答这个问题，我们必须先确认这个问题的复杂性，例如，此人是否处于失控的精神状态中？他的人格特质的成因及倾向如何？他激发与处理情绪的模式是什么样的？还有，这种行为想获得他人的什么回应，其背后的意图又是什么？

我们需要对以上这些部分有所观察并进行稍微了解后，才能知道这种现象发生的原因。而除了这些个人因素，我们要关注的一环，其实是来自情境中的关系动力。

情绪其实没那么不理性

在《理性的情绪化》一书中,作者提到,许多人们看似很不理性的情绪行为及反应,事实上没有那么"不理性"。如果你觉得对方不理性,但只要他面对不同的对象和情境,就会有完全不同的反应和举动,你还会觉得他不理性吗?

举例来说,你有一个同事,总是在办公室里随意咆哮,对你讲话大呼小叫或是很不尊重地对你发泄情绪。突然间,主管进来了,或看起来更凶、更具权威的人进来了,那位同事就会很快地安静下来,或立即改变原先的态度。

这是为什么呢?因为每个人都有一种倾向:害怕会影响自己生存安全的人。所以我们会辨识和选择——对谁发泄情绪、让情绪波及谁是最不用担心面对危险、最不用顾及后果的。

也就是说,情绪的运作及表现其实是理性的。也就是说,大家都会辨识,面对什么样的人可以展现或使用哪些情绪。

因此,大人容易对小孩发泄情绪,小孩容易对更弱的小孩或小动物发泄情绪。在职场中,看起来最安静、讨好、害怕被讨厌的人,最有机会遭遇他人以情绪为借口的恶意攻击及操纵。

当然，你还是可能遇到一些不管三七二十一、对任何人都没好气、不能和平共处的人。除了确定令情绪失控的因素外，我们还要考虑人格的稳定性因素：最可能的一点在于"无社会化"和"无现实感"。这样的人以幼儿的世界观解读外在世界的运作逻辑，也就是无法进入成人世界具有合作性和互惠性的运作方式中；反而自我中心地认为，外在的一切都应该符合我、满足我，照着我的感觉和想法来，顺应我、回应我，不能让我失望及受挫，否则我就会失控并暴怒。

低社会化程度，不具备社会情境敏感度

具有幼儿世界观的人社会化程度低，却要进入成人以现实原则运作的世界中。他们很容易受挫，还常常有"委屈"及"受害"感，觉得自己遭到了全世界的压迫或攻击，难以稳定地在环境中与人相处及互动，也难以成长、成熟。

然而，事实上，这是因为他对社会情境缺乏敏感度，只能停留在自我中心的想象中。

通常，容易成为他们被发脾气和埋怨对象的，就是幼儿性格者所认为的、理所当然要满足他的"照顾者"或"帮助

者"。他们从一个孩子的角度认定,"别人应该要照顾我、满足我,怎么可以什么都没做?怎么可以做不好?怎么可以不关注我?怎么可以不帮助我?"

这种将环境中的他人都投射以"照顾者"或"完美妈妈"的角色功能,并赋予他们期待和要求的人,抱持的是一种脱离"现实感"的幻想。他们忘记了,在职场上,大家所共识的最大目标和任务其实就是推动工作、把任务做好,而不是寻找无尽的温情和依赖,甚至把对理想家庭的期待放在职场上,加以类推及投射。

如果自己面对的是情绪易怒和暴躁的同事或主管,可适时地以明确的态度反应,向他说明你的工作重点和目标是什么;并明确地表示,对于他的情绪,自己虽然有同理之心,却无法协助及满足的原则是什么,最后,请他寻求其他适当的协助通道,帮助他自己妥善处理或调适这种情绪。

此外,必要时,可以用温和的方式中断接触并离开这种情境,避免受到对方情绪的压迫及侵害。这些都是建立情绪界线的做法。

没有必要满足他人不切实际的想象及期待

在我们的社会里，由于童年时普遍都没有得到真实满足的"爱"的经验，我们缺少情感回应，也时常感受到孤单及失去关注，因此许多人心中都有一个幻想，即希望有一个对我永远不离不弃，永远守护我、关心我、支持我的人，无论在什么时候，只要我有需要，他都会出现，给予我需要的陪伴与帮助。

事实上，这种幻想代表着——此人失去了对人我关系界线的知觉能力。他所认为的关怀者是一个"非人"的存在：他不会累、不需要吃饭睡觉、不需要休息、不会有自己的需求、不必为自己的生存奋斗、不用担忧现实生活。他的存在只是为了让人感受爱及关怀，并且这种爱与关怀是时时刻刻、无微不至的。

从理智的角度，我们可能会发现，这太不合理了，怎么可能有这样的人存在？怎么会有这种可能？这根本不是一般人能做到的。但是，即使理智上知道不合理，情感层面的自己还是无法消除这份渴望及幻想——就是有这么一个人，存在于我的生命里，无条件地爱着我、专宠着我，一心只为了服务我。

抱有这样渴望与幻想的人，不仅无法顾及别人的心理界线，也不把人我关系的界线放在心上，直接认定这个世界里的别人都是为了服务他、满足他及安抚他而存在的，因此常入侵了别人的私人领域范围，或是占据了别人的空间、时间、资源及能量而不自知。

同时，他还可能将这种幻想反转，要求自己成为别人无条件的供应者和满足者。这是从他的渴望和幻想中，投射而来的神化形象。因为他如此渴望有一个无微不至的关爱者存在——这是他心中勾勒出的至善至美者——他也就不自觉地以此为模板来期待自己、塑造自己，而忘却了自己只是一个凡人，是有各种局限性的人。他会毫无思考地、无意识地为别人的需求而付出、给予，并一股脑地全然投入。

就像原本就有一定电量的电池，要是不分时间、不分用途地竭力供应，这节电池也一定用不了太久，可能一会儿功夫，就完全耗尽、不堪使用了。

失去人我界线的个体，很容易陷入以上两种极端处境中，不是占用、侵犯别人，就是被人侵占、滥用。严重者，像是没有稳定自我价值感的人，甚至会以拯救者或无私照顾者的身份自居，让人依赖、汲取，以此来获得自我满足感和价值感。

因此，若要建立合宜的人我关系，不进入病态的、不健康的共生关系，除了要确认自己是一个完整、独立的个体之外，我们更要思考并辨识清楚——关怀与照顾，或是分享和支持，都是有限度的，每个人都需要为自己的生命负起最大的责任。我们想让自己的生命拥有什么，或是实现什么，都需要通过为自己付出、愿意投入心力的方式，培养自己的能力，实际且踏实地创造自己想过的生活。

协助及提供，建立在一个人有多少"自助"意愿之上

有个重要的概念是，所有的帮助及支持，都是其次，真正重要的是一个人肯为自己付出多少代价、投入多少心力去努力地打造自己。他的生活如何，取决于他的力量运用得如何。如果我们否认了"一个人该为自己的生命状态负责"的观点，那么，为别人承担责任、遭受他人的侵占及滥用，甚至为别人收拾烂摊子之类的事，就会层出不穷、无法终结。

如果你想改变自己旧有的模式，不想总是受人欺骗、滥用，或是不被尊重地任意使唤、要求，那么，你必须更新你的内在系统。首要的关键行动，就是开始清楚地意识到，自己需要建立有效的"界线"概念。学习尊重你自己是一个完

整的个体，尊重你自己的感受，尊重你自己的意愿，尊重你自己的想法，也尊重你想要做的选择。

以下，我示范了一则《人际宣言》，你可以写下自己的人际宣言，唤醒你的权利。这份《人际宣言》中的内容，你也许不会马上做到和改变，但这是一份宣告自己不接受有形或无形"不平等条约"的宣言。无论是家人、朋友、伴侣、同事还是上司，没有人可以因为他的身份或角色，而任意地、不予尊重地命令你，要挟你顺从他、满足他。

如果你无法担负起维护自我界线的工作，那么不尊重你或习惯使唤你的人，就会变本加厉地侵犯与威胁你，甚至会以言语、举动恐吓你，激发你的"恐惧"情绪，迫使你就范。

引发一个人的恐惧，是最容易使人就范的情感操纵术。所以，请你试着安抚或是管控你的恐惧，不要让"恐惧"轻易和外界的人联盟，一起恐吓你，强迫你服从。

为了不再轻易地受人摆布，也不再让别人任意侵犯你，为自己的人我关系建立起你可以守卫的防线吧！

我常常说，把自己的状态、选择及限度想清楚、表达清楚，这是一种原则和立场。若是想不清楚就随意答应，或是以没有想法的态度轻易同意他人，等到后面感觉有些不对劲、招架不了，才想脱身及反抗时，就可能要面临翻脸并撕裂关系的状况了。

人际宣言

我接受你是你，
但不表示我要接受你的剥夺；

我接受你有你的情绪，
但不表示我要受你情绪的伤害或绑架；

我接受你有你的限制及需求，
但不表示我要被你滥用和依赖；

我接受你有你的渴求，
但不表示我要被你消耗；

我接受你有你的不足，
但不表示我要一直被你要求；

我接受你想只做你自己，
但不表示我必须抹除我自己。

如果我容许你的占用、侵入、索取及消耗，
那是我容许了负向循环的发生，
巩固了你只须陶醉在以自我为中心的世界的想法，
这让你失去了现实感，
忘了生命本该由自我负责及承担。

我接受你是你，如同我是我，
我无法取代你，你也无法抹灭我。

如果我们能相互尊重和理解，那很好；
但若不能并因此交会错过，那也是没有办法的事。

接受我们呈现出来的关系形态和模样，
不是你不好，也不是我的错，
这是一个事实，也是一个目前的结果。

现在，试着为自己写下属于你的《人际宣言》，并从意识层面开始调整。

我接受：

但不表示：

我接受：

但不表示：

我接受：

但不表示：

我接受：

但不表示：

我接受：

但不表示：

我接受：

但不表示：

我接受：

但不表示：

我接受：

但不表示：

自救行动 2

学习如何真正地照护自己的情绪伤口

所谓纠结和纠葛的情绪，都不只是经由一次当下的感受就会形成的，而是在反复出现的情境下，经由千万次大小事件累积而成的经验。这些经验囤积的情绪庞大、复杂且彼此缠绕，成了个体心中难以处理、难以化解的痛苦。

在那些说不太清楚的痛苦情绪、非常糟糕的感觉中，最让人难以忍受的莫过于孤单（被孤立）、遗弃、贬抑和否定。越是让我们感到自己的存在是没有价值的、没有尊严的、不受重视的、不配存在的人、事、物，越有可能晃动我们的存在根基，让我们对自我的存在感到怀疑与焦虑。

一旦开始怀疑，我们就启动了"不安全感"。偏偏人类是极度寻求"安全感"的生物，不仅希望居住环境、生活空间是安全的，在生活的安排上也需要建立安全感。因此我们会有固定作息以及可以掌控的日程安排，好让生活的一切可以通过预定和计划，达到满足自我安全感的标准。

人际关系更是如此。在出生后，个体正是通过与主要照顾者的关系，建立安稳的安全感。每个婴儿都有一段发展历程，需要将外在主要照顾者的稳定存在与适当回应，慢慢内化成内心对自己的存在进行确认的安全堡垒。通过"客体恒久性"的发展任务，个体会意识到，即使眼前见不到主要照顾者（即重要他人），他已经内化的安全感联结也会让他相信，重要他人无论如何都在；只要自己需要他、呼唤他，或是时间一到，就能和他相聚与重逢。个体从心底相信自己不会是孤零零、无助、无望的一个人，不会有被抛弃的危险。

但个体若是在早年建立信任感、安全感、亲密感的发展任务中受到挫折、损害，其内在的安全堡垒就会变得空洞或残破不全，必须不停地试探环境中的他人，来确保自己在不安全感发作时，能得到回应和安抚，进而调节内心的痛苦情绪，获得安心和安定。

情绪的激发最能提醒我们：自己正处在"我觉得自己没有安全感"的生存焦虑的状态中。

情绪的激发，来自不安全感

想想你曾经体验过的情绪痛苦，无论是混乱、恐慌、无力、挫败、沮丧或低落，甚至是愤怒、嫉妒、厌烦，在这些庞杂、沉重且复杂的情绪中，你是否能通过探索和觉察，抽丝剥茧地穿越情绪的迷雾，进入内心深处，感受到内心对自己的存在产生的没信心和怀疑呢？追根究底，那便是我们的"生存焦虑"。

然而，如果我们对自己的"生存焦虑"毫无意识，并对内在产生的"我是不安全的"这一念头毫无应对的话，情绪便会犹如旋涡、暴风或是黑洞，席卷、侵袭及摧残我们。倘若束手无策，我们就只好不断地承受情绪的威胁及吞噬了。

常常有人说，对自己的情绪真的无可奈何，不是靠压抑和隔离的方法逃避，就是任凭情绪呼啸而来，扰乱自己的身心和日常作息，直到它自行消退。

这么看来，情绪似乎是个不速之客，它不受人欢迎，却又不能请它离开。对于这位不速之客，你可能从来没有弄清楚：它为何而来？它来了，到底要做什么？又希望你回应什么？

情绪是保障我们生存的原始本能

我喜欢将情绪形容成"原始生物"，像恐龙或猿猴一样的生物，既有野性、不受驯化，又具有原始行动力和攻击性。

这像极了原始生物的原始本能，从有人类以来，它就存在于人类大脑中，确保人类安全生存。在帮助人类经历各种天气、自然环境的灾难危险时，它可以使人类有效逃生，并从灾难中汲取经验，知道如何预防风险、趋吉避凶。这些都是原始本能在人类发展历史中对人类生存的贡献。

随着文明进步，人类步入现代社会。人类的生存不再需要过多地面对无情的大自然灾难，或是野兽与传染病菌的攻击，更多的生存危机和困难是同类的竞争和搏斗——也就是和同是人类的族群、伙伴、同侪甚至家人相抗相争，以获得更多的生存资源和利益。

这使人类的生活处境中的人际关系和人际问题有了更多的变化和不确定性；且越来越多的人敏锐地感受到人际不安全感，也经受了人际关系带来的各种冲击和挫折。

现代人受人际关系的伤害频率之高，以及不得不面临和人有关的生活问题（如生老病死、婚姻、职场等）的现状，都会使人浸泡在不安和焦虑的情绪中，惶惶不可终日，累积过多、过重的情绪负荷。

认识自己无意识的自动化情绪模式

每个人都有情绪,情绪是我们的一部分。我们不可能消灭情绪——除非我们切除大脑。但我们可以通过大脑皮层的思考及理解分析,试着与情绪发生的边缘系统进行有效的联结和沟通,以找到合情合理的应对策略。这是让自己的理智和情感整合的过程所必需的练习。

但不是每个人都能实现这两者的有效联结、整合。许多时候,整合的阻碍来自每个人无意识的情绪反应模式。

当我们面对不安全感所引发的生存焦虑时,如"觉得自己很糟,觉得自己很没有用,觉得自己不值得被重视,觉得自己卑微弱小,觉得自己没有能力活下去"的时候,若我们无意识地任由这些信念启动各种痛苦的情绪而不自知,那么情绪通常就会被自动引发,不断地被提取出来(因为信念没有松动及改变的空间)。当情绪累积到超载的量时,就会自动爆发、发泄,就像水库泄洪一样。你的身心会知道,再不泄洪,情绪水库就会决堤,个体就会崩溃。

而这种任凭情绪不断积累的个体,同时还会毫无意识地让情绪记忆不停地反刍,通过回想情绪事件的细节,无法克制地不断回想，进一步使情绪扩大和累加。可想而知，情绪将渐渐汇聚成巨大的能量，会被放大，会偏离客观事实，扭曲成一只巨型怪兽来绑架我们，使我们无法行动，或是覆盖我们，让我们犹如跌落深渊或坠入大海，遭遇灭顶之祸。

另一种模式是个体一旦感到有情绪发生——无论是自己的或是别人的——就会立刻觉得"有危险"，因此必须强力压制情绪发生，通过冷漠、抽离与无感的反应，让自己免于感受到情绪存在。这种情绪模式会让自己和情绪的关系越来越疏离，甚至从疏离到断裂，连他本人都非常相信，自己根本没有情绪。

这样的人看似很理智，也很能在事件和情境中快速地分析优劣好坏，或是立即产生行动办法，解决他所认为的问题，但实际上，他的理智分析和行动策略，都没有考虑情感的需求，也不涉及情绪。

这种看似很理性、很干脆的反应模式，不像情绪一惯那么拖泥带水。但实际上，做出的反应和策略很可能忽视了人性的情感层面，也会给他人及自己造成情感的损伤。

而这种模式的危机是什么呢？当情绪提醒他内在有些波

动，或是提醒他情境中出现了必须关注的危险和冲击时，他却忽略、不予理会，让情绪默默累积、储存，直到超过了警戒线还无知无觉，最后整个人直接陷落或崩溃、倒下。

情绪发生时，切勿不理不睬或放大渲染

当负面情绪纷乱时，个体需要的是调节及沉淀，而不是将其放大。要给情绪空间和时间，聆听自己内心的感受和想法，辨识出哪些是主观的判断，哪些是客观存在的事实。不使用以偏概全的想法及评断，类推发生在自己身上的挫折和失落，特别地，不要失去澄清客观事实的能力。例如，"我这次报告做得这么糟，我真是太烂了，太差劲了。"

一次报告的不完整或准备不妥，不等于你的生命完蛋了；或是以一次失落或失败全然否定自己的能力和价值，这是以偏概全、过度类推。

当然，情绪之所以总是雪上加霜，将我们卷入更负面的情感旋涡中，主要是受我们的"价值观""信条""解读"及"判断"的影响。而这些东西常是从小在生活中被灌输、教养、命令、指责的内容，所以我们习以为常、无从抵抗，也觉得理所当然。所以，认识自己的解读和判断，还有价值观和道

德观，了解它们如何影响我们的情绪，使之越来越激烈和痛苦，我们才有可能重新发展出令我们安稳、安心的正确思考。

正确的情绪照护及调节

这些自我觉察及自我剖析，可以帮助自己更加认识自我的内在系统是如何运作的。早些发现问题，我们就多些机会，更早地对内在系统进行重新调整与松动，让自己脱离惯性地受情绪伤害的惯性，避免心理上的反复受苦。

所以，你需要明白，正确地回应与照护情绪，才有可能调节好它，既不忽视，也不放大它。

因此，当情绪发生时，你可以为自己做以下几件事：

觉察自己内心出现的想法，是否因为偏差性的解读和判断，使情绪自动化地被激发出来？是否是因为某些念头和感受的发生，情绪才变得激动或低落？

觉察出这些内容和信息后，试着松动这些想法和信念，告诉自己"不一定是这样""还有别的可能""我可以停止这样的想法"，试着松动这些习以为常的念头与解读，进一步让它们停止运作。

接下来，试着感受情绪的发生，给情绪留一些空间和时间，让它缓缓平静下来，不要强烈地再度启动习惯性的贬抑和排斥。试着告诉自己的情绪："我允许你的存在"或是"我接纳你的发生"。试着与情绪和平共处，让这份和平安顿你的情绪，给它适当的位置及空间。

当情绪不再遭到驱逐或为难时，你可以通过自己的呼吸，在稳定的吸气与吐气之间，让身体放下焦虑，缓解挫折引发的肌肉紧绷和心跳加快。吸气与吐气的重点在于稳定和规律，通过呼吸告诉自己"我很安全""我可以放轻松""我可以好好地存在"。

不安的情绪，就像一个不安的小孩。恐吓和辱骂，只会让孩子更惊慌无助，或激起更强烈的反应。对待不安的情绪时，要温和、有耐心地轻轻安抚。因此，你可以抚触自己的胸口，或轻拍自己的臂膀，轻轻地、缓缓地，用你同理到的情绪回应自己："我知道你很伤心。""我知道你觉得好累。""我知道你很努力地想要做到，所以很在乎。""我知道你很受挫，你不想要这种结果。""我知道你怀疑自己的能力，所以很沮丧。""我知道你感到不公平，所以很气愤。"（请依照你所同理到的情绪，以适合的语句回应自己。）

最后，给当下的情绪适当的照顾，这是根据个体的情绪背后隐藏或说不出口的需求而做出的回应。因为每种情绪的引发，都源自个体生存需求的落空，或是生活冲击所引发的不安，它们都需要获得安抚或关注。当你能试着辨识出自己生存的需求或生活冲击所产生的不安时，你便可以"回应看见的需求"。

注意，不是"满足需求"，而是"回应需求"。若是我们落入"必须满足需求"的陷阱，就会觉得："若不能满足的话，说了有什么用？"然后又陷入不满和委屈、压抑和冷漠的循环。正确的思考是：回应情绪，是因为关爱和重视；即使无法满足，关心仍在，重视仍在。所以，你可以试着回应情绪的需求："我知道你想要证明自己足够好，但我想告诉你，你就是足够好的。"或是"你那么努力，试着想获得尊敬和肯定，我相信你值得肯定，也值得尊敬，只是我们还需要时间慢慢做到。"针对情绪所需要的生存需求，给予积极和具有关爱性的正向回应，这才是对内心的关照、抚慰和疗愈，才会让情感拥有又新又好的能量。

自救行动 3

停止无益的自我挫败，避免加重情绪伤害

有些读者在阅读了"自救行动2"这一部分后，可能会产生强烈的情绪反弹或怀疑——用关爱的态度和口吻来回应情绪、安抚情绪，这怎么可能？在内在只有对自己的诸多厌恶和不屑、轻视和否定的情况下，要用能入耳及温暖、富有支持性的话语安慰自己，慢慢缓缓地调节情绪，让它安稳下来，这怎么可能发生？

是的，这就是我不断强调的，你的模式和局限所建立的习惯，会让你对此深信不疑——自己的模式和习惯就只能这样了，不这么做、不这么反应的话，什么都不可能做到了。

但若是我们臣服或屈服于旧有的习惯及模式，那么人类生活中的教育和自我学习，应该就不存在了。我们若只能让过往决定一切，被原生家庭及生存背景所形成的模式限制了行动，一概否定自己的生命发展和提升的能力，那确实什么都无从松绑和调整了。

不适合的模式，往往来自胶着及固定

记得吗？在小时候被教养及对待的过程里，由于我们还年幼，无法分辨出在大人特别是爸爸妈妈的遣词用句中，有哪些出于他们的情绪作用，有哪些出于他们的人格习性。所以小孩只能听，像接圣旨般听话，并将其当作真理般接受；也因此，我们才会累积许多伤害，进而让其损害我们内在的存在价值感和安全感。

换句话说，在你还无法形成自己的想法和价值观之前，你便已开始累积爸爸妈妈给你的一切，包括价值观、对世界的概念、对他人的概念，最重要的是，对你自己的概念。

这其中，妈妈对孩子内在安全感及生命价值感的影响，更胜于父亲（父亲影响较大的是社会成就表现及社会适应力方面）。

如果，你时常从妈妈的对待（口语和表情）中，听到自己是"一个麻烦、一个坏蛋、一头蠢猪、一个笨孩子"，那么你会毫不犹豫地将妈妈所说的"你是"，转换成自己认为的"我是"。

你还没有能力质疑、反驳和推拒，也无法弄清妈妈这些话背后的意图——或许是控制、支配，或许真的只是为了打击你。总之，这些定义都会被你收进心理系统中，而妈妈对你人生的各种说法，也会像内在的诅咒一般，让你痛不欲生，却又不得不走向应验之路。

有许多父母其实都是内心未成熟的小孩。他们对待孩子的诸多话语及信息，也都是任性的肆意而为，夹带着许多伤人的情绪，将人生责任全部推在孩子身上。例如，他们会对孩子说："我这么不高兴，都是你害的。""要不是因为你，我也不用过得这么苦。"

通常孩子们听到父母的这类信息后，就会认定，"如果让妈妈不开心，我大概会完蛋""妈妈看起来很不快乐，一定是我的错"。这种无意识的认定，往往会影响一个人一生的自我观感，以及他对待自己的方式。

在这种痛苦的时刻，幼年的我们会发展出求生本能以保护自我。这是在受到外界刺激时、在不安全情境的威胁下产生的求生本能。特别是当威胁者和攻击者是母亲时，为了和如此强大的生存威胁者对抗，我们只能用孩子所能做到的、不用花时间学习的行为，加以适应并逃生。

因此，讨好、顺应、自贬、自责、认同父母等行为，都是为了终止父母的威胁和攻击。长时间下来，我们会离自己的真实感受越来越远，却越来越擅长关系里的求生自保策略。

只是，不论多么擅长求生自保策略，都不表示自己能安顿内在纠结、痛苦的情绪，尤其是当自己不断重复爸爸妈妈的所言所行，对自己强加批评、排斥、训诫、控制及责备时，这种痛苦的感受几乎无所遁逃地一再发生和出现。

也许长大后，个体逃得了父母的掌控，能拉开受他们影响的距离，但怎么也逃不了自己心中的牢笼与自我挫败感。

所以，要从父母所给的信息里的自我设定中解脱，就必须清楚地认识到自己的"错误信念的运作"，不再毫不考虑地接收爸爸妈妈的信息，并将其认同为自己的。

清楚辨识出"错误信念的运作"

要化解内心和重要关系之间爱恨情仇的冲突，承认过去被伤害与被影响的部分是非常重要的；接着，我们还要愿意离开"受伤孩童"的位置，不再重复体验无助感和无力感，试着远离被制约和设定的自我挫败与自我伤害的倾向，然后启动自己"成人"的能力和对自己的信任，试着学习做自己的"好妈妈"或"好的照顾者"。

你不能再习惯性地把别人对你的那些否定及贬抑视作理所当然,甚至连一点点反驳或拒绝接收的力量都没有。

如果我很清楚地告诉你:"那些从人际关系而来的否定及贬抑,对你的生命一点帮助都没有,反而会形成有毒的物质。"你会有像拒绝吃下塑化剂和毒药一样坚定的能力或力量吗?如果你已经知道那是有毒物质,却还是不能毅然决然地拒绝,那又是为什么呢?你有想过吗?

你要明白,要对你说出有益处的话语或关怀的话语,并不需要以谩骂、否定、贬抑和羞辱的方式来表示,才称得上"为你好"。如果否定的语句真的有用,那你早已成为一个自己满意也喜爱的人了,无须不断地以强迫性否定的方式对待自己。

事实上,若你无法停止无益的自我挫败(否定及贬抑自己),这不仅会加重负面情绪对自己的伤害,让它像滚雪球一样越滚越大,同时还会加深你对自己的厌恶和批判,使自己持续在痛苦中挣扎,自我折磨。

如果你想重新掌握自己的人生,你必须练习反驳一个谎言，那个谎言就是你自己内在潜藏的错误信念，即"一切都是我的错"。这句话会让你深感罪恶，也会让你相信，自己之所以遭受别人的恶待、得不到渴求的爱，全都是自己的问题、自己的责任，甚至会产生羞愧感，让你认为"是自己哪里有毛病，旁人才会这样对我"。

这绝对不是事实。当别人归咎于你，或是以"只要你不存在，一切都会好转"这种言论对待你时，你必须辨识出，这是他的残暴，他试图推卸责任，而不是你真的害了他。人的生活会有挫折、困境和挑战，但我们都可以为自己的处境做出不一样的选择和决定。若自己抗拒选择，也抗拒面对，那么很自然地，怪罪别人或责备自己就会成为一种替代反应，而无实际面对情况与调整自己的效果。

所以，第三个关键行动就是，无论如何都要刻意练习、持续觉察，不再以否定和贬抑加深自己的负面情绪。如果情绪已经有些糟，那么你要做的事是，即刻陪伴自己，调节和梳理情绪，而不是无意识地否定和责备谩骂，让情绪越来越糟，再用糟透的情绪伤害自己。

试着写下那些你过去毫不怀疑的否定语句。写下来是为了提醒自己，这些否定语句必须被觉察，你将不再毫不犹豫地任其启动、发挥，也不会再让这些贬抑、羞辱及否定的语句侵入你的内在，扰乱你的心思意念。

例句：都是你害的，都是你的错，你这个笨蛋。

当你尽可能写出来后，请静下来，通过几次缓慢的深呼吸联结自己的心，在自己足够宁静的时候，缓缓、平稳地跟自己说："我要将这些恶言恶语或是贬抑、羞辱的话语，退还给说出这些话的人，这些话不属于我，如今我将归还，不再保留。我的内在不会再让这些恶言恶语侵占，我的内在空间保有什么，将由我亲自决定。"

自救行动 4

将混乱庞大的内在反应分解，把自己拉回现实

所谓"一朝被蛇咬，十年怕井绳"，就是在说心理阴影的存在。明明是过去发生的事件，却因为一次受伤，成了自己心里永远无法安放的担忧。不但没有从过往的经历或遭遇中汲取出应对人生难题的智慧，让自己更加了解如何应对现

实环境中存在的危险；反而因曾经遭受过伤害，不断耳提面命要自己小心，把所有能量都放在侦测危险上；甚至遇到并不危险的事物时，都先贴上"危险"的标签加以看待，让自己时刻心神不宁，疑神疑鬼。

这样的反应，正是过往的创伤经验导致神经系统做出了自动化身心反应。神经系统的启动很容易将我们拉回过往的创伤事件中，使我们陷在情绪痛苦中难以自拔，连身体也一起处于不安、焦躁及痛苦的反应中，引发严重的身心症状。

拆解情绪炸弹需要运用认知思考训练的方式，也就是灵活使用负责思考的大脑皮质。在面对当下的情境时，试着辨识并区分出不同于以往的遭遇及相关细节。

许多人之所以常常觉得难以处理和整顿自己的情绪痛苦与混乱，有非常大的原因是当初的情绪创伤，特别是发生在自己非常年幼时的那些。那时候年纪太小，因此我们会感到无助及惶恐，对什么都无能为力且不知所以。而我们延续着那样的经验长大，以为凡是遇到自己不知道怎么面对的情绪打击或挫折，只能任由情绪翻搅、心情陷落、憋屈压抑，觉得什么办法都行不通。

但如果现在的自己已是成年人，我们的确可以学习并发展其他的应对策略，以更多元和富有创意的方式去面对与处理问题。在和环境的互动中，幼年的我们有那么多情绪冲突及纠葛，其原因大多来自环境中的他人——他们在未经深思熟虑的情况下，再加上因无法体会孩子内在的感受，做出了许多直接的对待与回应，致使我们产生了情感缺失与创伤。对于那时候的他人而言，这种伤害并非故意的，更多的是因为忽视、无知和不成熟。

我们可以试着拥抱当初的自己，因为在那个当下的惊吓和无助、伤心和失落，皆是真实发生在心里的感受，但那时候我们既没有得到环境中他人的倾听与理解，也没有得到实时的安慰和支持。

学习做个能让自己信任的人

在我们再度试着理解过去他人带给自己的负面经验或伤害之前，可以试着把焦点放在与过去那个受到惊吓和无助的自己的联结上，告诉内在情绪冻结的自己："我现在已经长大了，有能力保护并照顾你，不会再随意让你体验到被遗弃和无助的感觉了。"

过去的你仰赖着亲人，渴求他们的重视及保护，因此有非常深的失落和伤心的感受，这些我都能理解和体会。如今，我不会再这样对待你，而你也不需要因为过去的惊吓而放弃更多让生命变得自由的机会。请你慢慢地安心，也慢慢地相信，从现在开始，我会陪着你，给你足够多的支持。"

这种内在的处理过程，也就是所谓的"分化""分解"能力（分化即一个分别开来的过程），也是一种设立"界线"的能力。对一件事情引发的纠结复杂的经验感受做适当的分解、切割，不再将它们混为一谈、和在一起，也不再做自动化类推和直接反射。

例如，时空的分化、人物的分化、情节的分化能让我们就当下的真实情况去辨识、思考、厘清以及反应，而不是快速地将过往创伤情境凝结而成的伤痛自动呈现在眼前，以致无法分化与辨识出：自己早已离开过去的时空，伤痛却仍在现在的时空里不断浮现。

借助分化、分解的力量，停止循环及反复，不再让自己掉入同一情节中，反复回放。通过分化和分解，我们可以清楚地意识到这几件事：

过去的时空，是过去的时空；如今的时空，是如今的时空；

过去的我，是过去的我；如今的我，已是如今成长后的我；

过去的他人，是过去那个时刻的他，而不是后来的或现在的他；

过去的那个谁，不是我现在身旁的任何一位，我不再自动化地投射谁的影子，并将其融入现在的关系中。

试着学习处理"复杂"

处理人际关系的误解及伤害时，若是将其过度简化为谁对谁错——或者无法处理得足够细致，容易把问题变得极端化，将问题越处理越糟，导致冲突和对立发生。

常常听到有人提出有关自己人际关系的问题，他们时常说："是不是要么我就配合顺从，要么就不要理他、远离他，这样就好了？"

这种"要么就这样，要么就那样"的思维方式，正是二分法。

很多人面对人际问题时采用的正是这样的极端做法，就像我们还是小朋友一样：要么就跟我好，要么我就不跟你好了。

在处理人际问题时，成人要通过多元方式，从多元角度出发，甚至根据不同关系的情境、对象、时空、角色、职责、缘由、动机而采取不同的沟通方式和处理技巧。

如果我们容易陷入"要么就这样，要么就那样"的二分法极端思维并以此来应对关系问题，这种偏颇又绝对的态度及方式，势必会引发很多的关系互动问题。

你或许会想，做人简单就好，干嘛要复杂？我并不是在跟你说"做人要复杂"。你的价值理念可以单纯，你的内在真我可以单纯，但成人在发展应对世界的功能时，若无法发展出处理复杂事物的能力，那无疑是小孩开大车——根本上不了路。

如果个体在面对人际关系的互动问题时，只想对其进行简化处理，那还有什么比主观的自我中心判断及决定来得更简化呢？例如：

"我不想管你啦！我只想决定我自己的事……"

"你要不就照我的意思去做，否则就走开……"

"那就全部按照你说的去做，我没有什么要说的。"

无法互动和对话的关系，无论是何种形式，终究会因为这种"要么就这样，要么就那样"的二分法思维，让关系陷入单向通行的处境中；另一方只剩下无心的躯壳，很应付地待在关系中，只能附和。

直到累积了再也说不清楚的受伤感受，和纠结到再也无法理出头绪的恩恩怨怨，它们全都盘踞在彼此心头时，双方从此便再也无法说上一句话了。

处理复杂，关键在于尊重多元观点和包容个别差异

人际关系中最复杂的，莫过于我们对于互为主体的关系感到相当陌生和无力。庞大的问题和情绪之所以发生，大多是因为关系中的个体各有各的观点想法、价值观、生存模式、过往的生命经验和性格倾向，因此，"只要一方发号施令，另一方听从，就可以风平浪静"是很难做到的。

因为人都是有主体性的，有自己的思想和感受，有自己的渴望和需求。对你来说行得通的事，对我就不一定；我觉得很容易的事，对你就未必如此。如果在尊重个性差异、具有多元包容力等方面存在困难及局限，我们就容易感觉身陷迷雾，不知究竟要怎么和另一个人互动及相处。

在越复杂的人际问题上，由于有许多情感羁绊，我们往往越无法如自己所想，快速地解决烦人、恼人的冲突；特别是，无法一下子用三言两语把彼此关系中复杂的情绪和纠葛的感受说清楚。因此，要处理此时的复杂情况，就不能采取一次性说清楚、讲明白的方法，而是要归纳出问题情境和人际关系的情况，接着分化出不同的主题，进行聚焦式对谈。

对自己也是如此，别想只用两三分钟的时间和几下功夫，就要自己立刻想通、马上没事。应该先自我陈述问题概况，然后将问题分化为不同主题，最后部分式地寻求克服及解决之道。

将自己的情绪或面对的问题进行分化，就像将自己房间里的东西、杂物分门别类，而非一箩筐或是全倒在一起进行处理。当你看见这么庞大的一堆杂物时，我保证你还没动手清理，就会开始感到疲累。这种疲累是预期性的，越是庞大的目标或任务，当我们感到难以着手时，就越会产生累与烦的反应。

因此，越能规划好小步骤、越是不以远大的目标来自我要求的人，计划或任务成功的可能性往往会越高。就像爬山，能好好稳住每个步伐的人，登到山顶的可能性最高；而一开始就想要立刻攻顶或快速完成的人，往往难以坚持到最后。

所以，若是知道自己的问题难以处理，或了解其复杂程度的话，请将其分化、分解为一个个小单位，或将其设定为一个个小单元，以便自己能先从小范围着手，而不求一下子解决；同时，不将过去的经验直接推论到现在的情况中，认定自己现在只能和过去一样做出反应。

自救行动 5

学习辨识与觉察主观及不理性的认知模式

所有的遭遇或情况，都需要我们辨识和厘清它们是否为客观事实。

在面对来自环境或别人的评价与否定时，你需要先练习为自己构建一个筛选器或滤芯，也就是设立一个内在防护网。你的内在空间就像你的房子内部，在这个范围内放什么、不放什么，都由你这个主人决定。

如果没有筛选器，你的内心就会堆放非常多用不到的东西或是许多有害物质。若是这样，你的内在不可能感到放心、安心。所以，你的内部空间要放入的，最好是能给你的生活带来益处，能让你过一种有机、有能量的生活的"好东西"。

这世界上的人大不同，所以观点和角度可以有很多种可能，我们不可能什么都吸收、什么都接受，因为我们也有自己的观点、立场与角度。所以，我们不需要像小时候一样，因为觉得自己很弱小，所以将大人（权威）说的话悉数听取。我们可以依照自己的思考和感受以及对事件的立场，厘清自己的观点；同时，学习接纳不同观点和角度的存在，试着了解"每个人都只能看见一片风景，没有人拥有全景的视野"这一现实，正因如此，我们才需要相互讨论和沟通交流，才能趋近真实的全貌。

他人的指责和评价，也是从他们的经验和角度出发的，并不代表他说出来的话就是真理。我们应该试着冷静地思考，看看他所说的话中有多少是能认同的，有多少是不能认同的，以及为何认同？为何不认同？另外，也需要试着思考自己的看法、立场，或是根据。

一般来说，我们越清楚自己的想法，就越能面对别人的质疑或否定。但是，若我们不了解自己，也找不到对自己的认同，就会迷失在他人的评价和观点里。

事实上，别人的说话和表达有他们自己的风格（包括情绪表现和遣词用字），我们无法说服他人都使用我们可以接受的方法，提出他们的建议或意见。所以，试着了解他们说话的风格，却不要被他们的说话风格影响，试着洞悉他们话语中真正想要表达的内容是什么，再思考这些内容是否是你同意或需要的。如果你不认同，想想你的看法和实际可应对的做法是什么。

在这个过程中，如果有你觉得能帮助自己思考和改善之处，可以进一步请教他人或提出讨论；重要的是，不要在这段过程中无意识与自动化地抨击和羞辱自己，那只会令自己再度陷入黑暗中，不可自拔。

正确思考比正向思考还重要

在接触许多学员和咨询个案时,我时常会听到他们心中自动出现的独白,这些独白常不经过澄清和思辨的过程就以固定化思维的方式出现;他们一旦认定了什么,就一定要往那个自动化思考的死胡同钻不可。

如果试着探究原因,不难发现,在我们的文化与家庭,乃至学校教育和职场环境中,处处都有失去思考能力的人。他们通常以独断的、绝对的、极端二分法的方式解读和论断周围环境中的事件,并以偏颇的、扭曲的方式看待自己。这也是许多人不自觉地深陷在糟糕、负面情绪中的原因。

一旦那些自动化且主观的认知启动了,我们便会在无意识的情况下,掉落在情绪汪洋中,浮浮沉沉,还不知道自己为何"情绪那么糟"。

根据"理性行为疗法"(Rational-Emotive-Behavior Therapy,REBT)的理论(20 世纪 50 年代,由美国临床心理学家阿尔伯特·艾利斯提出的一种心理咨询理论)——造成某种情绪的原因通常是对事情的看法或想法(一组固定的认知信念),若能觉察究竟是哪些想法左右着我们的情绪,就有可能对这些想法加以驳斥，使之松动，以调节并安顿我们的情绪。

让我们陷落在糟糕的负面情绪中不可自拔的原因，正是我们常常以偏颇、非理性的想法应对外界的环境，并且主观地从自我的角度判断并认定事件。这会让我们无法顾及合理性、客观性及现实感，产生脱离事实的负面情绪，同时让我们陷于此循环中。

举例来说，我们可能具有的非理性想法包括：

被所有人喜欢和赞许的人，才是一个成功的人；

一个人必须能力十足，各方面都擅长，这才是真正优秀的人；

事情不顺利是很可怕的，这代表我很悲惨，我是很无能的；

不幸福、不快乐都是别人害的，我是没有决定权的；

我必须时时刻刻殚精竭虑、小心翼翼，才能避免坏事再次发生；

一个人的力量很单薄，一定要找一个比自己强大的人依靠才安全；

都是过去经验的伤害和影响导致我现在这么凄惨，什么都无法改变；

我们应该完全为别人付出，时时刻刻关心别人，这才是一个好人该有的表现；

人生中的每个问题都有正确而完美的答案，一旦得不到答案，我就会很痛苦；

如果我爱的人不听我的、不照着我的期待去做，我就是一个失败的爱人。

以上这些非理性思考，都具有几个特性——"绝对的""应该的""非如此不可的"以及"决断的"。人们内心的压力与受压迫的感觉正是来自失去弹性的自己。这种"必须""一定要"的想法，使人失去了选择权，没有调动的可能性，当然也让人变得硬邦邦的，而且固执到无法和外界协调互动、找到平衡点。

所以，才会有这样的一句话出现："人，大部分都是被自己逼死的。"

认知治疗的另一位代表人物——贝克医师（Aaron Temkin Beck）则通过观察与治疗抑郁症患者，发现抑郁症患者的自动化思考偏消极。他们会认为自己"什么都不可能改变"，并且存在着"认知歪曲"。这些认知歪曲会使一个人反复陷入同样的情绪旋涡中，并且这些情绪旋涡更加深了无能为力的沮丧感或痛苦感，让他们只能受情绪的纠缠及吞噬，无法挣脱出来，产生不同的反应模式。

贝克医师通过协助抑郁症患者进行更现实的思考，让他们能拥有好的情绪感受，并表现出更符合现实的行为。这也让他发现了认知治疗中的一个关键理论——不同的心理障碍和不同种类、不同程度的认知扭曲有关；无论在何种心理困扰中，认知扭曲都对我们的行为及情绪产生了负面影响。

因此，我们都需要学习从问题和情境里客观、合理地归纳原因，掌握解决它的策略。人生的问题不会只有一个出口，总有许多选择、许多门和通道。但往往人们无法开启不同的门、找出不同的通道，因为我们自己局限了自己，用固定框架和自我的主观逻辑，观看及解读生活中的处境与问题，无法更加客观地了解事实、分析情势，并为自己想出可能的其他选项，让自己拥有弹性思考与弹性选择的机会。

别陷入习惯性压抑与忍耐，忘了自己的思考力及行动力

越是自觉无力思考、难以发展出多选项的解决策略，越是对现实问题的选择感到无能为力，不仅变通性不大，可选择的策略也非常少。

为自己"想办法"的思考力弱，只能以压抑及忍耐的方式应对问题的人，常会抱怨、埋怨，通过反复倾倒情绪压力的方式，忍受、压抑情绪，却没有思考力及行动力作为搭配，好让自己找到其他的解决路径。

对于很多事情，不要埋怨太久，也不要"习惯性"地用埋怨的方式来应对。

埋怨并不会真正地调整情况，也不会真正地处理和解决问题。更多的时候，埋怨会让我们深陷在主观、未经过澄清的非理性自我解读中，想象自己受害及受伤。

如果我们不想让埋怨的过程太长，加重对个体的伤害（无力感、精神耗弱、循环的糟糕感觉），那么最好的四个步骤如下：

第一，意识到自己的埋怨，并给它设置一个界线，提醒自己最多只能说5分钟，或最多说3次就好。换句话说，别无限循环，逢人就说一次，或是在自己内心不断播放埋怨的言词，这些失去人我关系界线的状况，也会让自己开始内耗。

第二，意识到自己在埋怨。给自己设一个埋怨的界线之后，就可以开始真正厘清问题的过程了。你可以试着请教有经验的人，或是从不同的角度和观点了解大家的说法和看法。这种多角度理解及观看的方式，不是为了找出正确答案，也不是为了辩论出谁对谁错，而是为了拼凑出一个事件中，可能趋近于全貌的模样。这个过程是为了让我们练习不从自己单一的观点对事件进行主观的判断或解读，因为我们内在的想象大部分不会等同于外在的客观事实。

第三，觉察及辨识自己是否有一些固着的、没有弹性的、截然的、不容讨论的认知和想法，它们会以绝对化的观点（例如，如果不是……那一定是……），或是任何一种"歪曲的认知"的形式出现。如果是这样的话，要协助自己运用更符合现实感的思维，停止自己的自动化思考及自动化的情绪引发。

第四，收集也好，试着请教也好，尝试在不同的观点及说法间寻找是否有交会点，也就是共识点。尝试从两个极端的视角或完全不同的位置找到我们可以合作或是可以共同解决的部分。不需要一次性或完美地化解问题，而是从小部分调整中，获得自己应对、改善或是处理问题的"能力感"（empowerment），以累积自己面对和处理问题的正向经验，提升对自己的信任和信心。

如果好好地观察四周埋怨的气氛和情况，你会发现，抱怨纷飞、人际充满乌烟瘴气的环境，往往也是无力感最深的地方。如果个体或组织想要终止无力感蔓延，或要处理无力感造成的内耗，那么就要有意识地终止以埋怨的方式相互对待，或将埋怨作为情绪发泄的转移方法，充分地思考有力可施之处与真正的可行动策略，那才是我们储存自我效能感的好方法。

保持观点的弹性，松动主观固执的角度

如果深陷在自我主观的认定及不理性的歪曲认知里，要提出真正有力可施的行动策略，几乎是不可能的。因为不论怎么思考，个体都会陷于"为什么会这样？""为什么发生在我身上？""为什么要这样对我？"这样的疑问或是进入灾难化和个体化的思考模式中。

为了不被歪曲的认知模式捆绑，以致陷在负面情绪的泥淖中动弹不得，在大脑的运作上，我们需要练习换位思考或心理位移；也就是不固守在自己的角度看待问题及解读情况，而是试着从对方的位置回看同一情境，看看对方会怎么想、怎么感受。

也可以试着从第二人（类似自己的陪伴者）的角度，重新叙述这个事件、这个问题。再从较远距离的第三人的角度，以报道的口吻，说说原来位置上的那个自己遭遇了什么问题、面对了什么处境，而目前在周围环境和个人之间，究竟发生了什么事？

通过大脑中进行的位置移动，我们可以避免固守在自己位置时的目光如豆，只盯着自己某种糟糕情绪并借此做文章，沦陷在自己的思考、解读和情绪纠葛中，不可自拔。

只要我们可以移动观点，只要我们可以试着从不同角度来观看同一件事，我们一定能超脱原本的主观认定，扩充自己的思考面向和范围，不再只针对自己，或不断针对某个过不去的点。

自救行动 6

学习建立稳定自尊：自我认同及尊重

生活中，令人烦恼的事还真不少，许多事情来得毫无理由，不然就是不断地重复发生，除了忍耐，我们还能如何呢？这就是大部分人面对日常生活时的态度。

例如，不负责任又喜怒无常的主管、懒散拖延的下属、跋扈自私的同事，或总是欺负人、评论别人的前辈，还有怎么都沟通不了的家人，与他们的冲突让我们感觉像是遭遇鬼挡墙般找不到解决的出路，像是陷入无尽的轮回中，这些情况每日都在发生。

这种情况久了，我们不仅情绪压力爆表，还会感觉到一种很深的无力感、厌倦感。长期下来，情绪的糟糕感受与日俱增，甚至是与"秒""剧"增，到了忍无可忍、一定要随时"抓人"来大吐苦水一番的程度。这就是埋怨循环启动的开始。

太习惯忍耐和压抑的后果

你有没有发现，许多人在面对自己无法接受或不知道怎么应对的情况时，大多会先以"忍耐"和"压抑"来应对。

有时候，这种忍耐和压抑是因为自己被这样的情况吓到了，惊恐之下，行为系统也宕了机，不知道该怎么处理才好。

另一种忍耐和压抑是因为对人际互动有太多的担心和害怕：怕得罪人、怕不被他人喜欢、怕惹到别人而遭到攻击、怕自己遭殃、怕自己失控、怕自己被人批评……因为有太多对人际的危机、不安全感，所以不论发生什么情况，先忍耐、先压抑情绪感受再说。

还有一种忍耐和压抑是从小就开始的，可以说是长久以来的习性，也可以说是被制约的结果。如果说以忍耐和压抑来应对人际互动，是一个人的习性或自动化反应，那么很有可能这也反映了他童年的生活处境——必须要忍耐外在的情境，必须要压抑自己的感受和需求，也必须无声地忍受环境加诸的任何对待。

忍耐和压抑导致的其实是内在的压力，若把内在的情绪累积比喻成一座水坝，那么忍耐和压抑等于只蓄水，却不泄洪，一旦蓄水量超过可容纳的警戒线，那么随时都可能溃堤，引发大洪水。

若是一个人并未觉察内在情绪容量目前的情况，那么他的情绪可能已经累积到危险的警戒区而不自知，很容易情绪失控，随时处于宣泄情绪的状态中。这是因为他的情绪蓄水池早已经满了，却始终未好好地清理、倾倒，只能让自己周而复始地处于情绪满载的边缘，并通过不耐烦、易怒、不高兴、烦闷以及向他人诉说痛苦的方式，才能稍微舒缓满载的压力。

无力感的长期塑造

其实，那些表面上让情绪获得舒缓的行为，只是一瞬间的发泄，个体并未真正在内心调适出一种安全、平稳的状态，来面对自己的处境和环境。所以一再循环之下，当个体面对状况发生，却始终未能真正获得新平衡与新的应对方式时，就会因为内在精神的消耗，开始累积无力感和挫败感。

那么接下来，我们就要思考：无力感及挫败感是从何而来的？

事实上，很多人长大后所感受到的无力感及挫败感，其最早的源头是童年；也就是说，早在童年时期，在大人的对待及环境压制下，个体（一个孩子）就已从生活经验中学习到了"无力感"，也累积了"挫折感"。

什么情况下，大人的对待与环境的压迫会导致一个孩子不断地累积无力感及挫折感呢？那就是一个没有鼓励和肯定、也没有引导和协助的环境；甚至在这个环境中的大人，呈现出来的也都是一种"无助"及"无能为力"（像是认命的态度）的感觉，这都会让孩子在潜移默化中学会了，以无能为力和无助的态度看待自己、面对这个世界。

在某些家庭中，由于高压和权威的存在，许多情况都会让孩子活在压抑和忍耐中。他们被折断羽翼，不被允许培养属于自己的能力。家庭和社会也都禁止孩子尝试和接受挑战，要他们听话、配合环境的需要。久而久之，孩子就像是被割掉声带、打断骨骼、链住四肢的傀儡、玩偶，不再有自己的心灵，也不再有自己的意识。

而长期被塑造成傀儡、玩偶的个体，即使长大了，也不会相信自己能够自由展现自我，并怀疑自己的能力和信心。

当一个人对自己有越多怀疑、越多不相信，或越是认为自己只会搞砸事情，只会让情况变得很糟时，他就越会变得动弹不得，不但无法向前一步去应对，反而想退后一步，转身逃开。

埋怨是个体害怕面对真实的问题、应对冲突带来的压力时，伪装出来的攻击行为。埋怨，表面上看起来是批评和指责，类似于一种攻击，但这种攻击却是将替代者作为情绪发泄的目标，而不是真正面对事实上引发焦虑及冲突的对象。

所以才有"老板骂男人，男人骂妻子，妻子骂孩子，孩子踢狗"的笑话，说明人们总是寻找代罪羔羊、情绪总是转移至他处发泄的现象。

忍耐与压抑下的自我忽视及卑微心态

我们可以探讨一下，什么情况让我们只能忍耐和压抑，而不能沟通和表达？甚至觉得自己没有权利为自己说明及表达什么？

有一个很重要的原因是，我们先将自己卑微化了。面对别人时，我们会不自觉地矮化自己，觉得别人都是比自己位阶更高、更有权力的人物，是必须顺服的对象。

当我们无法肯定自己的存在时，便无法喜爱自己、尊重自己。当我们看待外界和他人时，我们就会不自觉地放大他人的地位和权力，甚至觉得自己有义务和责任满足对方。当无法让对方满意时，我们内心会更加受伤及泄气，无法为自己的自尊和立场做出适当的回应和表达。

自尊低落的人通常都有过于在乎别人眼光和评价的倾向。他不知道如何肯定自己，也时常怀疑自己的存在价值，于是，他只能通过努力为别人做事的方式，从别人的神情、态度和反应中判断自己是不是一个值得存在的人，自己在别人心中是不是一个足够好的人。

把个人的存在价值建立在别人的评价和反应上，这是一个形成自我认知的过程。从"周哈里窗"（将一个人的内在分为开放我、盲目我、隐藏我、未知我四个范畴，进而增进自我认识）的理论来说，我们都需要他人的回馈和开放的自我揭露，才能充分地认识自己。因此，我们确实很难完全不理会他人的反馈及评论，因为这是我们认识"未知我"与"盲目我"的一条重要管道。

然而，若是一个人只重视他人的反馈或评论，却没有深入地了解及认识自己，那么他就很容易迷失在别人的意见中，不仅无法辨识出那些言论能否代表自己，还会沦陷在以他人的看法作为对自己的认定及评价的陷阱中。

特别是，有高自尊需求却处于低自尊状态的人，他们不仅很在乎和介意别人的反应及看法,还容易放大没有被肯定的感觉,深觉受伤及自卑;他们会埋怨环境不给机会,或其他人都在打压他、剥夺他的光环。

我们多少都遇见过有这种反应的人,或许我们自己正是这样的人——容不下别人的意见,也忌讳听到任何人指出自己行为及处事上的问题。

稳定高自尊的建立

如果我们要拥有稳定的高自尊——成为有稳定自我价值感的人,那么很重要的一项锻炼,就是要练习自我认同及尊重自己。例如,当别人提出意见或某些需要调整与改善的地方时,拥有稳定高自尊的人不会因此否定自己的价值,也不会因此觉得自己很差劲、不够好。他能试着客观地接受别人的想法或意见,也会将别人的想法和意见视为一种参考及可能性,而不是加以批判和论断。

所以,拥有稳定高自尊的人不害怕请教别人。他们不认为请教别人,或听听别人的意见,是什么颜面尽失的状况,也不会很快地将请教别人视为惹麻烦,或自己不够好的表现。

当你是一个拥有不稳定自尊的人——有着高自尊需求,

自我状态却处在低自尊状态时，你需要采取有效的方式，为自己建立自尊，并学会将事与人分开，不将事情的缺失及不顺遂等同于自己的不好和糟糕。懂得肯定自己在过程中的付出及贡献，不以结果好坏"绝对性"地认定自己的价值，即有好结果时说自己是"好"及"成功"的，有坏结果时，则说自己是"坏"和"失败"的。这种以结果的绝对性来推论自己价值是好是坏的倾向，很容易将自己的价值置于忽好忽坏、忽高忽低的不稳定观感中，对自己的满意度及喜爱度也自然容易陷入不稳定和评价两极化的起落中，应对得很辛苦。

高自尊者往往倾向于追求高成就及高尊重，但"稳定高自尊者"的成就感和尊重感植根于内在自我，他们拥有稳定的自我感受及自我价值肯定。即使遇到挫折或人际关系的问题，它们也不会冲击"稳定高自尊者"对自己的观感，他们反而能直接且平稳地面对问题与解决冲突。

由于不容易伤及自尊，"稳定高自尊者"并不害怕面对自己的失误和不足，反而有勇气去改进或修正做法。

但是"不稳定高自尊者"的高自尊需求依赖环境的供应及回应，也就是只有让他感受到自己受到尊敬、尊崇或是拥有独特的价值感，这样才能维持他的高自尊状态，否则他的高自尊就会像空洞的外壳，一旦受到严重的打击就会消散。

这便会衍生为"不稳定高自尊者"的挫败和易怒反应——他们不是开口怪罪及怨怼他人，就是暗地里为挫折而神伤。

我们的自尊决定了我们内在的安稳程度，也决定了我们对外能否安然自在。稳定的高自尊，不仅能降低内在受伤的发生率，也能给我们足够的内在力量，以面对外在的挑战。拥有稳定高自尊的人会乐于看到自己的成长与提升，对自尊稳健的人来说，这世界充满许多可能性，不去试试的话，怎么知道能否实现？因此，他们不会先把结果预设成负面的，进而阻拦自己的尝试。

当我们的自尊稳定且维持在一定的水平时，我们就可以成为稳定支持自己的人，并成为自己最忠实的陪伴者，而不是花费大把力气，希冀他人的认同及博取他人的同情。如此一来，我们的人生就会有更多能量、更多空间，真正地用来完成自己、实现自我。

自救行动 7

允许自己强壮,不再幻想拯救者出现

如果,你确认自己已是一名成年人——虽然尚须历练自己的为人处事,但基本上,你已是法定的"成人"——这就意味着,你的所作所为都将由你自己负责及承担。

这同时意味着,你的人生已不再是你父母说了算,而是你说了算。这是你为自己的人生负责、自己承担责任而付出的代价。

但要能有"我说了算"这样的气魄,背后所经历的历练与煎熬,绝对是艰辛且不易的。其中一个重要的历练是:不再幻想有谁会来拯救你,以及保护你免于遭受痛苦和伤害。此外,还要练习给自己一个承诺:"我不会让你经历不必要的伤害,也不会对你的受伤置之不理,我会保护你、照顾你,不再忽视你、置你于不顾。"

如果你能肯定地给自己这份承诺,不再任由自己经历的那些故意的伤害(无论是身体的,还是心理的)继续作祟,你就不会再有意无意地将忍耐和压抑作为免于失去关系的做法和交换。

在关系中，若对方让你承受了不属于你的怪罪、不该有的暴力侵害，或是故意对你进行贬抑及侮辱，你都有权利请对方停止，并为了自己的人身安全与心理健康，拒绝对方施加于你的行为。必要时，你可以离开或保持无法接触的距离，保障自己的身心安全。

懂得终止恶性关系模式的循环

不要习惯性地在关系中受伤，这是一个很坏的习惯。你可能会说，也许对方不是故意的；你可能会替对方找理由，例如，"他只是心情不好才会这样"；甚至你会扭曲自己，认同对方而自贬地说："是我自己又差劲又糟糕，他才会这样对我。"

这些合理化的理由，无非是为了说服你自己：不要去体会自己的感受，也不要尝试去维护自己免于受伤。

你已是一个成年人，你要相信自己有能力区分，在这些关系模式和应对方式中，哪些是故意的？哪些不是故意的？哪些是对方在表达他的感受和想法？哪些又是对方在漠视及贬抑你的感受和想法？

你并非孩子，弄不清"不小心"和"故意"之间的差异。

所以，对于那些故意的，甚至是包裹在美丽糖霜底下的毒物（毒言毒语），你的确是有权利保护自己的。不接受就是不接受，不需要由外人来决定你应该或不应该承受。没有任何一个人，有权利支配你或指使你接受外来的攻击和危害。

所以，我们要从重新赋予自己权利开始。你有权不受侵害，你有权不受侮辱，你有权不受支配，你有权不受贬抑，你有权拒绝对你有害的要求，你有权保护自己的生命安全。

成为自己可以信任的保护者

相信你能保护自己，也相信自己在关系中的反应和选择是自由自主的，你才可以安心地待在关系里。因为你知道，进入关系后，若遇到冲击或伤害，你会带自己离开或终止这段关系。反而是担忧自己一旦进入关系后只能任人宰割、被关系捆绑、被迫伤痕累累却难以离开关系的人，才是最害怕"有关系"的，他们当然也无法以开放的态度面对关系。

相信自己能保护自己，你的内心才能成为你的安全基地。即使在关系里受伤了，在内在基地里，我们的内在安全感也不会轻易遭到侵扰和伤害。我们的"自我"不会因为关系的挫折而支离破碎，也不会再轻易地因为他人的伤害，反过来更加伤害自己。

我时常看见，困在人际关系伤害里的人，他们恐惧和担忧对方的反应或逼迫，因此宁可采取息事宁人的态度，任由对方侵扰。从这样的反应来看，他们其实有更深层的恐惧，也就是对"有能力保护自己"一事感到不确定。在他们的想象中，只要对方吼叫、羞辱、威胁，他们就会被自己强烈的恐惧感压制，根本无法开展什么可行的行动策略，无法为自己做点什么以远离危险。

说穿了，他们太习惯委屈自己、漠视自己的感受，甚至太习惯处于惊吓中、无所作为了，因此在遭到威胁及恐吓的情况下，他们只能期待有什么人会出现并解救他，而不是自己可以有能力及勇气解救自己。

允许自己强壮，不再弱化自己

一个人什么时候才能激发自己的潜能、成为一个强壮的人呢？

请注意，心理的强壮与外在体型及性别无关。不因为我们是女性，就一定是弱者；或是因为我们个子矮小，就一定是弱者。历史上已经有很多勇者或是成就自我的人证明了——心理的强壮源于你知道要锻炼自我，而不是希求环境中他人的拯救及补偿。自己要成为什么样的人由自己成全，我们才能不再处于等待的位置上——始终等一个人，允许我做自己，为我实现想过的生活。

把自己的力量拿回来，这是自我在成长历程中非常重要的学习。而开始的第一步，是从你的"意识"改变开始，要愿意告诉自己："我允许自己成长及强壮，成为我自己最重要的保护者。"

自救行动 8

为自己建立足够的内在安全感，摆脱弱化自己的习惯

在应对人际关系时，请省察自己的内心！你的不安全感会引发你的威胁感和恐惧感，在反复的不安下，人类会出现强烈的焦虑反应，生怕在人际关系里受伤害。

那种深陷在人际互动中的不安，最会引发我们害怕被讨

厌、被拒绝的感觉。那种害怕被厌恶、被排斥及孤立的反应，是我们内在的童年阴影，是我们内在小孩最无助的感觉。但这样的感觉并不是事实。事实是，这种感觉不会真的要你的命，也不会真的威胁你的存在和拥有。是你内在的恐怖想象把这样的人际冲突与对立直接解读为：自己无法在这个世界上生存。

请试着理解，这世界很大，有人会讨厌和拒绝你，也必然有人会接受和喜欢你。你不需要追求被所有人喜欢（这是不合理的想法），也不需要认定自己会被所有人讨厌（这也是不合理的想法），而是在这些可能性都存在的现在，学习如何达成你内在的平衡和自我认同（自己认识的自己），不再无意识地陷落在他人的眼光和评论中，认不出自己，也丧失了自己的能力感。

许多人都有这样的疑问：为什么心理专业工作者常常提到"要接纳自己"？

或是，虽然了解到要接纳自己，却对"接纳"是什么一无所知。

就我们的文化而言，"接纳"并不存在于我们的日常生活中，更准确地说，我们可能从未体验过"接纳"是什么。

然而，"接纳"却是我们安稳地成为真实自己的必要过程，也是我们学会爱自己的根基，更是我们得以安全生存于这个社会上的关键。

一个人若对自己身上拥有的个性、情绪、想法、经历、遭遇、外表等（无论什么方面）都有一种拒绝和厌恶的感觉，甚至产生了排斥，可以试想，他和自己的关系接下来会变得如何？

他会试着隐藏自己、觉得自己不配存在、没有资格感受快乐或幸福，并经常性地怀疑和否定自己。他的大脑会无时无刻地产生一种对自己的神经性"过敏反应"，排斥关于自己的一切，心想："要是自己可以变成另一个人或换个形象，那该有多好？"即使很努力地改善自己、追求自我提升，还是常常会因为一些不能接受自己的部分而感到泄气。

这种自我厌恶与排斥的心理反应，足以把一个人逼向自我毁灭，或自我伤害的绝境。因为他的内心，觉得自己就是问题本身，要解决自己生活的问题，必须先解决掉自己。

因此，自我厌恶和排斥的人，无法体验内心的平静和安稳。他的内在有一个声音在时时刻刻批判他、指正他、要求他，就像一列嘈杂且不停地行驶的火车，始终在内心呼啸。在这样的长期运作下，人的心理空间必然处于焦虑与烦躁中，反复遭受痛苦。

接纳，爱自己的基础

当然，这也会离"爱自己"及"存在的安心感"的方向越来越远。

在"爱自己"的内涵里，有"好喜欢自己"这样一种感受，同时也含有肯定自己、支持自己及接纳自己的内在力量。也就是说，虽然人生有挫折，也有各种遭遇，但不论我们喜欢的或不喜欢的，都会出现及发生。我们不是用经历过什么来定义自己，而是在经过这些经历和遭遇后，做了什么选择来定义自己。

如果你对自己有情、有爱、有接纳和支持，即使遭遇逆境或是痛苦的历程，你也会选择不放弃自己，把自己视为需要付出爱的重要对象。因为对自己有爱，你会希望看见自己喜悦、幸福，希望实现自己的愿望，也守护自己的存在。

但若是对自己的生命没有"接纳"，也不具"支持性"，那么,"爱自己"的体会,可以说是一段无法触及的距离,或许个体也没有机会体验到:成为完整的自己、接受一个不完美的自己,究竟是什么样的感觉和体悟?

爱自己不是口号,也不是物质满足

在"爱"是什么越来越模糊和混淆的现代,对物质生活的鼓吹及泛滥,很多人可能迷失在"爱自己,就是满足自己物欲的需要,或是不顾一切地任由欲望及时行乐"的观念中。然而,即使拥有不少物质,外在的行乐活动也很多,但只要面对自己、感受自己,那些糟糕的、觉得自己不够好、不够优越的感觉,还是会应运而生。

也有些人,不仅毫无关注自己、感受并了解自己内在的状态的兴趣,更是觉得面对自己是件很烦、很累的事。

为什么感觉烦或累呢?因为只要停下来稍微回看自己一会儿,就会感受到满满的厌恶和排斥感,觉得自己卑微;或是一旦和别人相比,觉得自己没有成就感的负面情绪,总是无法招架地排山倒海而来。

"爱自己"不是口号,也不是物质满足,虽然你曾经误以为如此。你也很可能会用能否满足自己的物欲和其他欲望来评量他人是否足够爱你。

但是，那些物质的拥有或是欲望的满足并不能让你感觉到爱的存在，反倒是会有一种从心理饥饿的空洞感衍生出来的生存焦虑及空虚，亟须看得到的物质及享乐来填补。它们却不是从内在深处滋生出的，对自己的宽容及接纳、支持及欣赏、爱惜及呵护。

如果采用与前述完全不同的方式对待自己，回馈给自己的将是完全不同的后续效应和结果。物质及欲望的满足只会像个内在黑洞，它永不满足、永远怕没东西可填，也不知道自己到底什么时候才会拥有真正的满足。内心对自我生命的接纳及肯定则会回馈给你真实存在的安心和平静，让你继续安稳地体验并完成自己的人生。

建立安全感，从真心实意接纳自己开始

真正的安全感，从相信自己的生命价值开始。

建立内在安全感，需要从接纳开始。那么，究竟如何开始？如何进行？

你或许可以先想想，你至今曾经深爱过的任何人或生命，

也许是猫狗,也许是花草植物。只要回想起曾经有如此单纯的一份爱,它没有要求、没有标准和期待,没有非要获得报答不可的心意,就只是喜爱这个对象原原本本的样子,那么,这一份最单纯的情感,就是一份接纳;接纳这生命原本的呈现及存在,让生命拥有属于它原本被创造的那一份美好,而不是硬要被谁扭转,或受谁的控制及操纵。

别让批评和否定成为你对待自己的习惯。也别把理想化的高自我要求和对自己的不满意当作自己前进或提升的动力,那只会让你沦陷在害怕自己不够好的旋涡里,同时让你不停地、不断地强迫自己、鞭策自己,要求自己必须完美(即使根本没有"完美"这件事)。

爱自己的练习,每天都可以进行。站在镜子前,或使用手机的自拍模式,不以挑毛病的态度对待自己,也不急着找出自己的缺点,而是好好地面对这个"人",让他知道你有多爱他、多喜欢他。

你会以什么样的口气和语句对待他,对他说出充满温暖及接纳的话语呢?

也许是:"即使不完美,你仍是我最爱的人。"

或者是："我接纳你，没有条件。"

也可以是："即使别人不理解你、也不珍惜你，但我会坚持、不放弃你。"

你也可以试着用自己能接受的语句对自己说话，但请记得，你说出来的词句和口气要是温柔及坚定的，要是真的能从心底感受到接纳的，并真实地感觉到自己支持自己的安稳。

每天对自己说"我爱你"，既不用花钱也无须费力，还好处多多。如果你仍然抗拒，那么你需要深思：在内心潜意识里，阻碍爱的流动的记忆是什么？又是什么样的认知和观念，使你如此不愿意对自己表达一些关爱和友善呢？你究竟在抗拒什么？还是在恐惧什么？

对自己有稳定的爱，我们的内在才可能有稳定的生存安全感。无论如何都会选择爱自己、成为自己最重要之人的，只有自己；除此之外，还有什么人能带给我们这样的安全感呢？

接纳自己后，对自己心怀感激

读到这里，你是否能充分地感受到，过往的人际伤痛及情绪的痛苦，都不是为了毁灭你，或让你沦陷在对自己的厌恶和否定中；而是要让你有机会辨识出你所受的制约和无意识中累积的内在模式，好让自己有所觉醒。如果没有痛楚，人就不会受到震撼及冲撞，也就难以觉醒，了解到我们不是活在楚门世界中的演员，而是自己人生真正的主人。

感谢过往那些为了应对生存处境而形成的性格和反应模式，没有那些模式，你可能无法存活下来。但是，人生给我们不同的历练及情境，让我们有机会解构并重新建构起更加成熟也更具有弹性的生活态度，让我们整合人格及自我。

别让过去的情绪阴影及情感伤痛，成为支配你过日子的指令；试着让你过往的遭遇成为你生命的"经历"和"历练"，然后相信自己还有机会发展出具有更多不同力量的自己。

在经历过各种人际伤痛及伤害之后，我们当然还是可以选择善良。这样的善良建立在了解真实世界的残酷和复杂性的基础上，是为了增强自己崇高的精神力量与重建完整的自我所做的选择；不是为了讨好别人，或是符合规则而自动化反应出来的"应该"。

当你有了保护自己的能力，并给予了自己内在安全感，你就不会困在别人会不会满意、会不会喜欢的牢笼中，而是为自己而变得坚定起来，选择自己要成为什么样的人，并为此付诸行动。

总结

生活会有坏感觉，但你仍可以活得自由

我们的童年都有伤痛和失落，因为我们都没有完美的童年。

很多情绪按钮、情绪刺激之所以会被引发、引爆，或在后来的人际情境里再度重演、不断被复制，多半来自未被真实疗愈的早年人际伤痛和情感创伤所形成的个体的局限性和内在模式。

例如，因情感的背弃所产生的"害怕自己不好"的感觉，关系的不安全带来的伤痛及恐惧，对不公平感到愤怒及嫉妒，对权威人物的畏惧和反弹，对他人不如己意的挫折和失落……

若没有觉察到早年的伤口和那些内在模式的形成，我们就无法意识及觉察到出现在许多无意识行为和情绪反应背后的脉络，只能任其自动化地在人我关系互动里、在爱与被爱的经验里不断上演、循环。

要重新爱一个受伤了的自己，这并不容易。因为我们内在可能没有能量、能力，虚弱得难以修复。于是，我们会期待他人的拯救、怜悯，或是将罪责及情绪发泄在他人身上以回避内在的痛苦及受害感。

于是，许多人把生命的全部力气都拿来要求与控制他人的给予和满足自己的需求，以"预防"早年伤痛层（潜意识里）的事件再度发生。

若不从内在空间、精神世界中滋养出力量，无论如何希求他人，如何要求他人不断补偿、给予，也会有消失殆尽、失去依赖的那一刻。

因为伤痛在内里，能安抚及支持自己的力量也需要从内发生。若没有从和自己的关系开始，让其产生正向联结并开始滋润，那么心中的安全力量（安全网）就始终无法完成编织，也没有韧性可以承接自己，避免掉落。

而我们之所以要为自己的内在编织安全网（安全网是对自己的喜爱、尊重、肯定、呵护、欣赏、信任及容许），是因为我们深知外在真实的世界无法如个人内心的想象和期待般运作，就算我们希望每天都是光明和快乐的，真实的世界里还是会有黑暗和沮丧存在。

不是只有真实的外在世界如此，我们的内在世界亦如此。我们会感受到喜悦和幸福，也一定会感受到难过和挫折。我们不仅有光明的人格面貌，也会有自己想隐藏的黑暗的人格面貌。

因为我们是真实及完整的个体，因此属于我这个个体的所有经验，不论好的、坏的，都会被我们体验到。这不是因为我不够好，而是因为生命的历程从来就不担保你不费力、一切如意、心想事成，它还是会为了你的成长与蜕变，赋予你必须面对的挑战和课题。

面对这样的人生，我们最终的锻炼就是，包容生命一切的存在及发生，为自己所经历的内外经验找到一种与之和平共处的方式，让我们能够与自己和好，将自己从过去的框架和束缚中解放出来，并让自己的生命实现真正的自由，不再活在他人的口中，也不迷失在盲从的争夺中。如此才能充分地体会到，你的存在，自在安然。

你可以想象，我们的生命就像一片大海，生命的挫折与低落就如同海里高低、大小不同的暗礁。潮汐起伏，就像我们的生命能量有高有低，当海水高涨时，暗礁不见了；当海水退降时，暗礁比比皆是。但无论暗礁被露出或是被隐藏，它都是大海的一部分。

暗礁的存在看似会引发海浪的拍击并导致生命的搁浅，却也为许多小生物的栖息和养育提供了场所，对大海而言，它其实是不可或缺的。不论潮起还是潮落，暗礁都必然是大海的面貌及风景之一。

这就如同我们生活中的坏感觉及负面情绪的存在。或许在生活顺遂时，我们会暂时遗忘负面情绪及感受的存在，然而那些身处逆境及面临挫折、意志消退或抑郁不得志的时刻，正是我们心底的暗礁浮现之时。你可以对这个画面感到刺眼、厌恶、扫兴，也可以学习欣赏这一番有别于蔚蓝大海的风景。

只要你能保持接纳及欣赏，暗礁（负面情绪）并不会伤害你。倘若你极度厌恶暗礁的存在，想极力铲除暗礁，或阻止暗礁的浮现，那么这份对自己的蛮力与暴力，造成的后果只有生命的失衡，以及破坏的加速。

试着让自己做一个安然自在的人，不再以无法停止的努力、用力，要求自己非得如何不可。有时候，单单是接纳自己，疗愈已然发生。

不再试图改变过往的种种，而是从过往的种种中，了解生命要我们觉察的自己，以及汲取要我们领悟的智慧。然后，为自己的人生赋予选择权；告别过去容易受伤的自己，选择为自己的人生，勇敢地向前。

不要习惯性地做困住自己的人，而是乐于去做让自己自由的人。

因为，你值得。

当你真心实意地成为完整的自己时，世界就不再是"可恶的他人"和"可怜的自己"，而是一个个不同的人和独特的自己了。